APRENDE SQL

*De los Fundamentos a las
Aplicaciones Prácticas*

Diego Rodrigues

APRENDE SQL

De los Fundamentos a las Aplicaciones Prácticas

Edición 2025

Autor: Diego Rodrigues

estudiod21portoalegre@gmail.com

Publicado por StudioD21.

Nota Importante

Los pipelines, códigos y scripts presentados en este libro tienen como finalidad principal demostrar, de forma objetiva y aplicada, la construcción de flujos técnicos que reflejan patrones ampliamente utilizados en la ingeniería de datos contemporánea. Han sido elaborados con rigor técnico, pero operan como modelos de referencia, no como soluciones universales. Cada pipeline representa un punto de partida sólido, estructurado para facilitar el aprendizaje, la replicación y la adaptación a diferentes contextos profesionales.

Todos los ejemplos han sido probados en entornos controlados, pero pueden requerir modificaciones según el sistema operativo, la versión de las bibliotecas, la infraestructura de datos y los requisitos específicos de cada proyecto. Corresponde al lector realizar las adaptaciones necesarias para garantizar la compatibilidad con su entorno de ejecución e integridad en las operaciones realizadas.

Este libro no tiene como objetivo imponer una arquitectura definitiva, sino presentar modelos validados que refuercen la autonomía del lector en la construcción de sus propios pipelines. Cada capítulo ofrece un bloque funcional completo, listo para ser integrado, expandido o refactorizado según el escenario de aplicación.

La propuesta editorial es entregar estructura y claridad, al mismo tiempo que se promueve el pensamiento crítico, la ingeniería creativa y el dominio estratégico de los flujos de datos. Estimulamos la personalización de los modelos, la reescritura de las etapas y la creación de soluciones autorales a partir de la base técnica presentada.

El verdadero dominio de la ingeniería de datos no reside únicamente en la ejecución correcta de los pipelines, sino en la capacidad de proyectar, integrar y evolucionar flujos con visión sistémica y responsabilidad técnica. Esta obra es una plataforma de construcción. Quien la utiliza en profundidad, transforma conocimiento en impacto.

Agradecemos la confianza, el tiempo dedicado y el compromiso con el conocimiento aplicado. Deseamos que este contenido contribuya significativamente a la construcción de tu autoridad técnica, tu autonomía profesional y tu trayectoria como ingeniero de datos.

CONTENIDO

¡SALUDOS!

¡Hola, estimado lector!

Es un inmenso placer darte la bienvenida a ti, que has decidido embarcarte en este fascinante viaje por el universo del SQL, el lenguaje universal para la gestión y manipulación de datos. Tu decisión de explorar este tema crucial demuestra un compromiso notable con el avance de tus habilidades técnicas y la búsqueda de herramientas que transforman la información en valor estratégico.

SQL es mucho más que un simple lenguaje de consulta. Es la columna vertebral de los sistemas de bases de datos que sustentan desde pequeñas aplicaciones locales hasta las mayores plataformas tecnológicas del mundo. Con SQL, no solo gestionas datos; desbloqueas insights, organizas información de forma eficiente y potencian los procesos en entornos que exigen precisión y escalabilidad.

En este libro, encontrarás un camino claro y progresivo que va desde los conceptos más fundamentales hasta aplicaciones prácticas en escenarios complejos y desafiantes. Nuestro enfoque combina teoría y práctica para garantizar que no solo comprendas los principios del SQL, sino que también desarrolles la confianza necesaria para aplicarlos en situaciones reales.

No importa si eres un principiante curioso, un desarrollador que busca ampliar su repertorio técnico o un profesional experimentado que desea mejorar su eficiencia en el trabajo con datos. Este libro ha sido cuidadosamente estructurado para atender a todos los niveles de experiencia. Cada capítulo ha sido diseñado con atención al detalle, garantizando que absorbas el contenido de manera práctica e impactante, mientras exploras técnicas que realmente marcan la diferencia.

Vivimos en un mundo donde los datos son considerados el nuevo petróleo, y el dominio de SQL es una habilidad indispensable para cualquier profesional que desee prosperar en este escenario. Ya sea en aplicaciones de análisis de datos, desarrollo de sistemas o ciencia de datos, SQL es una constante que atraviesa industrias y disciplinas.

Este libro fue creado para ser más que una guía técnica; es un recurso esencial para llenar vacíos editoriales, brindar conocimiento actualizado y fortalecer la base de profesionales en un mercado en constante evolución. En cada página, encontrarás desafíos estimulantes, explicaciones claras y ejemplos prácticos que hacen que el aprendizaje sea accesible e inspirador.

Prepárate para sumergirte en una experiencia didáctica única, donde aprenderás a estructurar, consultar, manipular y optimizar bases de datos con precisión y creatividad. Juntos, exploraremos las infinitas posibilidades que ofrece SQL y te equiparemos con las herramientas necesarias para destacar en tu carrera o proyectos personales.

Entonces, ¿estás listo para transformar la forma en que trabajas con datos y dominar una de las competencias más valiosas de la actualidad? ¡Vamos a empezar!

SOBRE EL AUTOR

Diego Rodrígues
Autor técnico e investigador independiente
ORCIDO: https://orcid.org/0009-0006-2178-634X
StudioD21 Smart Tech Content & Intell Systems
E-mail: estudiod21portoalegre@gmail.com
LinkedIn: linkedin.com/in/diegoxpertai

Autor técnico internacional (*tech writer*) centrándose en la producción estructurada de conocimiento aplicado. Es fundador de StudioD21 Smart Tech Content & Intell Systems, donde lidera la creación de frameworks inteligentes y la publicación de libros de texto técnicos apoyados en inteligencia artificial, como la serie Kali Linux Extreme, SMARTBOOKS D21, entre otros.

Poseedor de 42 certificaciones internacionales emitidas por instituciones como IBM, Google, Microsoft, AWS, Cisco, META, Ec-Council, Palo Alto y Boston University, trabaja en los campos de Inteligencia Artificial, Machine Learning, Data Science, Big Data, Blockchain, Tecnologías de Conectividad, Ethical Hacking y Threat Intelligence.

Desde 2003, ha desarrollado más de 200 proyectos técnicos para marcas en Brasil, Estados Unidos y México. En 2024, se consagró como uno de los mayores autores de libros técnicos de la nueva generación, con más de 180 títulos publicados en seis idiomas. Su trabajo se basa en su propio protocolo de redacción técnica aplicada TECHWRITE 2.2, orientado a la escalabilidad, la precisión conceptual y la aplicabilidad práctica en entornos profesionales.

PRESENTACIÓN DEL LIBRO

Es con gran entusiasmo que te presento esta guía completa sobre SQL, el lenguaje universal para la gestión y manipulación de datos. En un mundo cada vez más impulsado por la información, SQL se destaca como una herramienta indispensable, permitiendo transformar datos en bruto en insights valiosos y decisiones estratégicas. Este libro ha sido cuidadosamente diseñado para ser tu mejor recurso en el aprendizaje y dominio de esta habilidad esencial.

SQL no es solo otro lenguaje de programación. Es la base para la operación de bases de datos relacionales que sustentan desde pequeños proyectos personales hasta las infraestructuras de gigantes globales como Google, Facebook y Amazon. Al dominar SQL, estarás capacitado para explorar y aprovechar el poder de los datos en cualquier área de actuación, ya sea tecnología, finanzas, marketing, salud o educación.

Este libro está estructurado para ofrecer un enfoque didáctico que combina fundamentos sólidos, técnicas avanzadas y aplicaciones prácticas. Nuestro objetivo es guiarte, paso a paso, a través de un recorrido de aprendizaje claro y enriquecedor, cubriendo desde los conceptos básicos hasta las prácticas más complejas y relevantes para el mercado.

Ya seas un principiante que apenas comienza su viaje o un profesional experimentado en busca de perfeccionamiento, esta guía fue hecha para ti. Cada capítulo ha sido diseñado con el equilibrio ideal entre simplicidad y profundidad, garantizando que el aprendizaje sea accesible, eficiente e impactante.

Visión General de Cada Capítulo

Capítulo 1. El Lenguaje de la Gestión de Datos

En este capítulo, descubrirás qué es SQL, por qué es tan importante y cómo se convirtió en el estándar mundial para la gestión de datos. Exploraremos su historia, evolución e impacto en diversas industrias.

Capítulo 2. Entornos y Herramientas para SQL

Aquí, presentaremos los principales sistemas de gestión de bases de datos, como MySQL, PostgreSQL y SQL Server. Aprenderás a configurar tu entorno de trabajo y estarás listo para comenzar a practicar.

Capítulo 3. Conceptos Fundamentales de Bases de Datos

Este capítulo profundiza en los conceptos básicos de bases de datos relacionales, como tablas, esquemas y claves primarias. Estas nociones son esenciales para construir una base sólida.

Capítulo 4. Comandos Básicos de SQL

Aprenderás los comandos esenciales para manipular datos: SELECT, INSERT, UPDATE y DELETE. Ejercicios prácticos ayudarán a fijar estos conceptos fundamentales.

Capítulo 5. Filtrado y Ordenación de Datos

En este capítulo, abordaremos cómo usar filtros, operadores lógicos y ordenación para crear consultas más precisas y organizadas. Este es un paso crucial para extraer información relevante de grandes volúmenes de datos.

Capítulo 6. Trabajo con Múltiples Tablas

Exploraremos las uniones (JOINs) y otras técnicas para trabajar con datos distribuidos en varias tablas. Aprenderás a integrar información de manera eficiente.

Capítulo 7. Estructuración de Datos: Creación y Modificación

Este capítulo introduce los comandos DDL (Data Definition Language) y enseña cómo crear, modificar y eliminar tablas estratégicamente para satisfacer tus necesidades de datos.

Capítulo 8. Funciones de Agregación y Análisis de Datos
Aprende a usar funciones como SUM, AVG, MAX y COUNT para realizar cálculos y análisis directamente en las consultas SQL. Este capítulo es esencial para trabajar con informes y dashboards.

Capítulo 9. Transformación de Datos con Funciones Avanzadas
Descubrirás cómo manipular cadenas, fechas y números en SQL para crear consultas más dinámicas y poderosas.

Capítulo 10. Automatización con Stored Procedures y Triggers
Este capítulo aborda cómo automatizar procesos con procedimientos almacenados y triggers, aumentando la eficiencia y la confiabilidad de la base de datos.

Capítulo 11. Seguridad y Control de Acceso
Aprende las mejores prácticas para proteger tus datos y gestionar permisos de usuarios, garantizando la integridad y confidencialidad de la información.

Capítulo 12. Backup y Recuperación de Datos
En este capítulo, discutiremos estrategias de backup y recuperación para proteger tu información contra fallos o pérdidas inesperadas.

Capítulo 13. Optimización de Consultas para Mejor Rendimiento
Aprenderás técnicas para optimizar consultas SQL, usar índices de manera eficiente e identificar cuellos de botella de rendimiento.

Capítulo 14. SQL en Entornos Multiplataforma
Descubre cómo integrar SQL con lenguajes de programación, APIs y frameworks populares, ampliando las posibilidades de uso en diferentes plataformas.

Capítulo 15. Datos Temporales e Históricos
Este capítulo aborda consultas avanzadas para trabajar

con datos temporales e históricos, permitiendo análisis de tendencias y previsiones.

Capítulo 16. Procesamiento de Big Data con SQL
Aprende cómo se usa SQL en plataformas de Big Data como Hive y Spark, enfrentando los desafíos de trabajar con grandes volúmenes de datos.

Capítulo 17. Gestión de Datos Geoespaciales
En este capítulo, exploramos cómo trabajar con datos geoespaciales y realizar consultas relacionadas con mapas y geolocalización.

Capítulo 18. Estudios de Caso: Resolviendo Problemas con SQL
Analizaremos casos reales donde se utilizó SQL para resolver desafíos complejos en diferentes industrias, como salud y finanzas.

Capítulo 19. Construcción de Proyectos del Mundo Real
Tendrás la oportunidad de trabajar en proyectos prácticos, como sistemas de inventario y aplicaciones de comercio electrónico, consolidando todo el conocimiento adquirido.

Capítulo 20. Preparación para Entrevistas y Certificaciones
Descubre cómo prepararte para entrevistas técnicas y certificaciones reconocidas, con simulacros y consejos de expertos.

Capítulo 21. Resolución de Problemas Avanzados
Este capítulo ofrece soluciones para problemas complejos y enseña cómo diagnosticar y corregir errores comunes.

Capítulo 22. Automatización de Procesos con SQL
Explora cómo integrar SQL en pipelines de automatización, utilizando herramientas modernas para optimizar flujos de trabajo.

Capítulo 23. Innovación y Futuro de SQL
Discutiremos las tendencias más recientes en SQL y su relevancia continua en un mundo impulsado por los datos.

Capítulo 24. Reflexiones y Tendencias Globales
Este capítulo aborda el impacto de SQL en diferentes sectores y su contribución a la evolución de la tecnología.

Capítulo 25. Consejos y Estrategias para Dominar SQL
Cerramos con estrategias para perfeccionar tu dominio del lenguaje y recursos para continuar tu viaje de aprendizaje.

Con este libro, mi objetivo es ofrecerte no solo una guía técnica, sino también una fuente confiable de aprendizaje e inspiración. Independientemente de tu experiencia, el contenido ha sido diseñado para ser accesible, estimulante y, sobre todo, útil.

Estoy seguro de que al explorar los capítulos, no solo dominarás SQL, sino que también expandirás tu visión sobre el poder de los datos y cómo utilizarlos para transformar tu carrera y tus proyectos.

Entonces, ¿estás listo para sumergirte en un aprendizaje práctico, relevante e impactante? ¡Tu viaje comienza ahora!

CAPÍTULO 1. EL LENGUAJE DE LA GESTIÓN DE DATOS

SQL, acrónimo de Structured Query Language, es el lenguaje estándar para gestionar y manipular datos almacenados en bases de datos relacionales. Diseñado para ser una interfaz intuitiva entre los usuarios y los sistemas de gestión de bases de datos (SGBD), permite crear, consultar, modificar y administrar datos de forma eficiente. Comprender SQL es fundamental para los profesionales que trabajan con datos, ya que les capacita para estructurar, acceder y transformar información con precisión.

La Structured Query Language nació de la necesidad de organizar y explorar volúmenes crecientes de información. Con la llegada de la computación en la década de 1970, investigadores de IBM desarrollaron un lenguaje que pudiera interactuar directamente con bases de datos relacionales. Esta innovación resultó en el System R, un sistema que demostraba la viabilidad del modelo relacional. Inspirada en el trabajo de Edgar F. Codd, quien teorizó los fundamentos de las bases de datos relacionales, SQL fue diseñada como una solución práctica para manipular grandes conjuntos de datos.

Desde su introducción, el lenguaje ha evolucionado significativamente. Inicialmente enfocado en operaciones simples como consultas e inserciones, se expandió para incluir funcionalidades avanzadas como transacciones, stored procedures y control de acceso. La estandarización por parte de organizaciones como ANSI e ISO garantizó su adopción global, permitiendo que diferentes sistemas de gestión, como MySQL, PostgreSQL, Oracle y SQL Server, implementaran el lenguaje con alta compatibilidad.

La relevancia de SQL en el escenario actual está directamente relacionada con la explosión del volumen de datos generados por organizaciones e individuos. Las bases de datos relacionales continúan siendo ampliamente utilizadas debido a su capacidad para almacenar información de manera estructurada y accesible. SQL se ha vuelto indispensable en áreas como análisis de datos, ciencia de datos, desarrollo de software, administración de sistemas e inteligencia empresarial.

Un ejemplo práctico del uso de SQL puede verse en una aplicación de comercio electrónico. Considera una base de datos que almacena información sobre productos, clientes y pedidos. Con SQL, es posible realizar tareas como listar los productos más vendidos, identificar clientes que compraron determinados artículos o actualizar el inventario según las ventas realizadas. A continuación, se muestra una consulta simple que devuelve los cinco productos más vendidos:

```sql
SELECT product_name, SUM(quantity) AS total_sold
FROM orders
GROUP BY product_name
ORDER BY total_sold DESC
LIMIT 5;
```

Esta consulta utiliza funciones agregadas, como SUM, para calcular la cantidad total de productos vendidos, organizando los resultados de forma que los artículos más vendidos aparezcan primero. Además, el comando LIMIT restringe la salida a solo cinco registros.

La importancia de SQL también se refleja en su papel en la integración con otras tecnologías. Se utiliza ampliamente en aplicaciones web y móviles, donde los datos se almacenan en bases de datos y se accede a ellos dinámicamente para su visualización y análisis. Lenguajes de programación como Python, Java y PHP ofrecen bibliotecas y herramientas que permiten la ejecución de comandos SQL directamente en el código, creando un entorno altamente interactivo.

Otro aspecto esencial de SQL es su capacidad para gestionar la integridad y la seguridad de los datos. Con comandos específicos para definir claves primarias y foráneas, el lenguaje asegura que las relaciones entre tablas se mantengan de manera consistente. Además, funciones como el control de acceso y los permisos garantizan que solo los usuarios autorizados puedan realizar operaciones específicas en la base de datos.

SQL también es crucial en aplicaciones analíticas, donde se deben procesar grandes volúmenes de datos rápidamente. Herramientas como Google BigQuery y Amazon Redshift utilizan variantes de SQL para permitir consultas masivas en data warehouses, optimizando el rendimiento y reduciendo el tiempo de análisis.

La Structured Query Language es accesible para principiantes y lo suficientemente poderosa como para satisfacer las demandas de analistas e ingenieros de datos. Considera un escenario en el que un equipo de marketing desea entender el comportamiento de los clientes en relación con una campaña reciente. Se puede diseñar una consulta para identificar a los clientes que más interactuaron con la campaña:

```sql
SELECT customer_id, COUNT(*) AS interactions
FROM campaign_interactions
WHERE interaction_date BETWEEN '2024-01-01' AND '2024-01-31'
GROUP BY customer_id
```

ORDER BY interactions DESC;

Extrae información valiosa sobre el número de interacciones realizadas por cada cliente durante el período especificado. Esto ayuda al equipo a identificar a los clientes más comprometidos, permitiendo acciones dirigidas.

A lo largo de las décadas, SQL ha seguido evolucionando, incorporando nuevas funcionalidades y adaptándose a los cambios tecnológicos. Hoy en día, es fundamental tanto para sistemas tradicionales como para tecnologías emergentes, como big data e inteligencia artificial. Su sintaxis declarativa, que permite describir "qué" hacer en lugar de "cómo" hacerlo, es una de las razones de su amplia adopción.

Aunque han surgido alternativas como las bases de datos NoSQL, SQL mantiene su relevancia debido a la solidez, estandarización y flexibilidad que ofrece. Su capacidad para manejar consultas complejas y su integración con herramientas modernas aseguran que continuará siendo una pieza central en la gestión de datos.

La Structured Query Language no es solo un lenguaje técnico; es una habilidad que transforma datos en poder. Los profesionales que dominan SQL pueden acceder, organizar e interpretar información con eficiencia, volviéndose indispensables en un mundo impulsado por datos. Ya sea para diseñar sistemas robustos o para analizar patrones de comportamiento del consumidor, SQL es la base para decisiones informadas y estrategias exitosas.

Prepárate para explorar las infinitas posibilidades que ofrece SQL, desde operaciones simples hasta arquitecturas sofisticadas.

CAPÍTULO 2. ENTORNOS Y HERRAMIENTAS PARA SQL

El uso eficaz de SQL depende de entornos correctamente configurados y herramientas adecuadas. Las bases de datos relacionales, como MySQL, PostgreSQL y SQL Server, son pilares en esta área, ofreciendo soluciones robustas para el almacenamiento y manipulación de datos. Elegir el entorno correcto y configurarlo adecuadamente es un paso esencial para dominar SQL y aplicar tus conocimientos en escenarios prácticos.

Bases de Datos Relacionales más Populares

MySQL, PostgreSQL y SQL Server son los tres sistemas de gestión de bases de datos relacionales (SGBDR) más ampliamente utilizados. Cada uno tiene características únicas que atienden a diferentes necesidades, convirtiéndolos en herramientas indispensables para desarrolladores y analistas de datos.

MySQL es conocido por su simplicidad, eficiencia y alto rendimiento. Es ampliamente utilizado en aplicaciones web debido a su integración con lenguajes como PHP y frameworks como WordPress. MySQL es una elección común para pequeñas y medianas empresas que necesitan una solución confiable y fácil de usar. Su versión comunitaria, gratuita y de código abierto, es una opción atractiva para quienes están comenzando.

PostgreSQL, frecuentemente llamado "Postgres", es celebrado por su robustez y conformidad con los estándares SQL. Ofrece soporte avanzado para tipos de datos y operaciones complejas, como JSON y manipulación de datos geoespaciales. Por estas razones, se utiliza ampliamente en aplicaciones empresariales y académicas que requieren un alto grado de personalización y rendimiento.

SQL Server, desarrollado por Microsoft, es un SGBD comercial que integra potentes herramientas para análisis y visualización de datos. Su interfaz gráfica intuitiva en SQL Server Management Studio (SSMS) y su soporte para lenguajes como .NET lo convierten en una elección popular en entornos corporativos.

Configuración de Entornos para Práctica

Para explorar los recursos de SQL y desarrollar habilidades prácticas, es esencial configurar entornos que soporten las bases de datos relacionales elegidas. A continuación, se describen los pasos para instalar y configurar los tres SGBDR mencionados.

Configuración de MySQL

El primer paso es acceder al sitio oficial de MySQL y descargar el instalador adecuado para el sistema operativo (Windows, macOS o Linux). Después de la instalación, se recomienda usar MySQL Workbench, una interfaz gráfica que facilita la creación y gestión de bases de datos.

```sql
CREATE DATABASE ecommerce;
USE ecommerce;
CREATE TABLE products (
    product_id INT AUTO_INCREMENT PRIMARY KEY,
    product_name VARCHAR(100),
    price DECIMAL(10, 2)
);
```

Este script crea una base de datos llamada "ecommerce" y define una tabla "products" con columnas para ID de producto, nombre y precio. A partir de este punto, se pueden realizar consultas directamente en Workbench para probar comandos básicos.

Configuración de PostgreSQL

PostgreSQL se puede instalar a partir de paquetes precompilados disponibles en el sitio oficial. Para los usuarios que prefieren un enfoque simplificado, la herramienta pgAdmin proporciona una interfaz gráfica amigable para gestionar bases de datos.

sql

```
CREATE DATABASE ecommerce;
\c ecommerce
CREATE TABLE customers (
    customer_id SERIAL PRIMARY KEY,
    first_name VARCHAR(50),
    last_name VARCHAR(50),
    email VARCHAR(100) UNIQUE
);
```

Este comando crea una base de datos y una tabla para almacenar información de clientes, incluyendo un identificador único y un correo electrónico exclusivo. La interfaz de pgAdmin facilita la ejecución de scripts y la visualización de resultados.

Configuración de SQL Server

Para configurar SQL Server, el instalador oficial de Microsoft incluye SQL Server Management Studio (SSMS), que ofrece una interfaz gráfica robusta para interactuar con bases de datos. Es necesario crear una instancia del servidor y conectarse a ella mediante SSMS.

sql

```
CREATE DATABASE SalesDB;

USE SalesDB;

CREATE TABLE Orders (

    OrderID INT IDENTITY PRIMARY KEY,

    CustomerName NVARCHAR(100),

    OrderDate DATE,

    TotalAmount DECIMAL(10, 2)

);
```

El script configura una base de datos "SalesDB" y una tabla "Orders" que puede usarse para registrar pedidos de ventas.

Trabajo con Múltiples Plataformas

Configurar un entorno de práctica en múltiples plataformas es una forma eficaz de ampliar tu comprensión de SQL y su aplicación. Herramientas como Docker permiten crear contenedores que alojan diferentes bases de datos, facilitando la transición entre MySQL, PostgreSQL y SQL Server.

Con Docker, puedes iniciar una base de datos MySQL con el siguiente comando:

bash

```
docker run --name mysql-practice -e
MYSQL_ROOT_PASSWORD=root -d mysql:latest
```

De manera similar, para PostgreSQL:

bash

```
docker run --name postgres-practice -e
POSTGRES_PASSWORD=root -d postgres:latest
```

Y para SQL Server:

bash

```
docker run --name sqlserver-practice -e 'ACCEPT_EULA=Y' -
e 'SA_PASSWORD=YourStrong@Passw0rd' -p 1433:1433 -d
mcr.microsoft.com/mssql/server:latest
```

Estos contenedores son una forma eficiente de practicar y explorar los recursos de cada base de datos sin necesidad de configuraciones complejas en el sistema operativo.

Comparación entre las Bases de Datos

Aunque MySQL, PostgreSQL y SQL Server comparten la misma base relacional, sus implementaciones presentan diferencias que pueden influir en la elección de cuál utilizar. MySQL es ligero y fácil de usar, ideal para principiantes y aplicaciones más pequeñas. PostgreSQL ofrece más funciones avanzadas y personalización, siendo preferido en proyectos de mayor escala. SQL Server, con sus herramientas integradas y soporte corporativo, es una excelente elección para grandes organizaciones.

Exploración Práctica y Aprendizaje

Después de configurar el entorno, es fundamental realizar prácticas constantes para solidificar el conocimiento. Crear bases de datos reales y simular escenarios del mundo corporativo ayuda a desarrollar una comprensión profunda y aplicable. Por ejemplo, construir un sistema simple de gestión de inventario puede incluir operaciones como creación de tablas, inserción de datos, consultas y actualizaciones:

sql

```
INSERT INTO products (product_name, price)
```

```
VALUES ('Laptop', 1500.00), ('Smartphone', 800.00),
('Headphones', 50.00);


SELECT * FROM products;


UPDATE products
SET price = price * 1.10
WHERE product_name = 'Smartphone';
```

Las operaciones abarcan desde la inserción inicial de datos hasta su manipulación, como aumento de precios basado en criterios específicos.

Al familiarizarte con los comandos básicos, es recomendable experimentar con funciones más avanzadas, como la creación de índices para mejorar el rendimiento de las consultas:

sql

```
CREATE INDEX idx_product_name ON products
(product_name);
```

Esta práctica introduce el concepto de optimización de consultas, un aspecto esencial en proyectos reales.

Adaptación al Mercado

Los profesionales que dominan los tres SGBDR discutidos tienen una ventaja significativa en el mercado laboral. Conocer las diferencias y similitudes entre ellos permite adaptarse rápidamente a las exigencias de diferentes entornos corporativos, convirtiéndose en un recurso valioso en equipos técnicos.

La elección y configuración del entorno de práctica son pasos esenciales en el aprendizaje de SQL. Cada base de datos posee características distintas que atienden a diferentes necesidades, y la práctica con múltiples plataformas amplía la versatilidad del profesional. Dominar las herramientas presentadas en este capítulo es la base para explorar el poder de SQL en todas sus aplicaciones.

CAPÍTULO 3. CONCEPTOS FUNDAMENTALES DE BASES DE DATOS

Una base de datos relacional es un sistema organizado para almacenar y gestionar datos de manera estructurada, utilizando tablas como elementos centrales. Sigue el modelo relacional, que organiza la información en tablas compuestas por filas y columnas. Cada tabla representa una entidad, y las relaciones entre estas tablas permiten que los datos se asocien de forma eficiente y lógica. Este formato es ampliamente adoptado por su flexibilidad, precisión y capacidad para garantizar la integridad de los datos.

La estructura de una base de datos relacional está compuesta por elementos esenciales: tablas, esquemas y relaciones. Cada uno desempeña un papel crucial en la organización y gestión de datos.

Tablas

Una tabla es la base de una base de datos relacional, representando una entidad u objeto del mundo real. Está compuesta por filas, conocidas como registros, y columnas, llamadas atributos. Cada columna posee un tipo de dato específico, como texto, número o fecha, garantizando consistencia y precisión. Por ejemplo, una tabla llamada "customers" puede almacenar información sobre clientes, con columnas como "customer_id", "name", "email" y "phone".

sql

```sql
CREATE TABLE customers (
    customer_id INT PRIMARY KEY,
    name VARCHAR(100),
    email VARCHAR(100) UNIQUE,
    phone VARCHAR(15)
);
```

Este script crea una tabla que define cada cliente de forma única mediante la columna "customer_id", con el email como un campo exclusivo para evitar duplicaciones.

Esquemas

El esquema es el plan organizacional de la base de datos, definiendo la estructura de las tablas, sus columnas y los tipos de datos. También especifica las relaciones entre las tablas, garantizando que los datos se organicen de manera lógica y consistente. Un esquema bien planificado facilita la consulta y manipulación de datos, además de mejorar el rendimiento general del sistema.

En el caso de un sistema de e-commerce, un esquema puede incluir tablas como "products", "orders" y "customers", interconectadas por identificadores únicos. La relación entre las tablas se representa mediante claves primarias y foráneas.

sql

```sql
CREATE TABLE orders (
    order_id INT PRIMARY KEY,
    customer_id INT,
    order_date DATE,
    total_amount DECIMAL(10, 2),
```

```
    FOREIGN KEY (customer_id) REFERENCES
customers(customer_id)
);
```

La tabla "orders" está vinculada a la tabla "customers" mediante la columna "customer_id", permitiendo rastrear los pedidos de cada cliente.

Relaciones

Las relaciones en una base de datos relacional conectan tablas mediante claves primarias y foráneas. La clave primaria identifica exclusivamente cada registro en una tabla, mientras que la clave foránea crea un vínculo entre diferentes tablas, garantizando la integridad referencial. Este sistema permite consultas complejas e integración de datos de varias tablas.

Por ejemplo, para listar todos los pedidos realizados por un cliente específico, una consulta SQL puede combinar datos de las tablas "customers" y "orders":

sql

```
SELECT customers.name, orders.order_id, orders.order_date,
orders.total_amount
FROM customers
JOIN orders ON customers.customer_id = orders.customer_id
WHERE customers.name = 'John Doe';
```

La consulta devuelve los pedidos del cliente "John Doe", utilizando la relación entre las tablas para unir los datos relevantes.

Normalización

La normalización es un proceso de organización de datos en una base de datos relacional para reducir redundancias y mejorar la integridad. Se realiza dividiendo los datos en tablas más pequeñas y definiendo relaciones claras entre ellas. El objetivo es minimizar la duplicación de datos y evitar anomalías, como inconsistencias o problemas al actualizar.

La normalización se divide en formas normales, cada una con reglas específicas para organizar los datos. La primera forma normal (1NF) garantiza que todas las columnas de una tabla contengan valores atómicos y únicos. Por ejemplo, una tabla con múltiples valores en una sola celda puede reestructurarse para cumplir con 1NF.

Una tabla inicial:

OrderID	Products
1	Laptop, Mouse
2	Smartphone, Case

Después de la normalización, los datos pueden reorganizarse:

OrderID	Product
1	Laptop
1	Mouse
2	Smartphone
2	Case

La segunda forma normal (2NF) elimina dependencias parciales, garantizando que todas las columnas dependan exclusivamente de la clave primaria. La tercera forma normal (3NF) elimina dependencias transitivas, es decir, una columna no debe depender de otra que no sea la clave primaria.

Anomalías de Datos

La falta de normalización puede provocar anomalías de datos que comprometen la eficiencia y consistencia de la base de datos. Existen tres tipos principales de anomalías:

- Anomalía de inserción: ocurre cuando no es posible añadir nuevos datos sin información complementaria. Por ejemplo, en una tabla que combina información de clientes y pedidos, no sería posible añadir un cliente sin crear un pedido asociado.

- Anomalía de eliminación: surge cuando la eliminación de un registro resulta en la pérdida de información importante. Si se elimina un pedido en una tabla que almacena clientes y pedidos, los datos del cliente también pueden perderse.

- Anomalía de actualización: ocurre cuando una modificación debe realizarse en varios registros, aumentando el riesgo de inconsistencias. Si la dirección de un cliente está duplicada en varias filas, actualizar solo una fila resultará en datos conflictivos.

Ejemplo Práctico de Normalización

Considera una tabla que almacena información de pedidos y clientes:

OrderID	CustomerName	Product	Price
1	John Doe	Laptop	1500
2	John Doe	Smartphone	800

| 3 | Jane Smith | Tablet | 400 |

Esta tabla presenta redundancias, ya que el nombre del cliente se repite. Para normalizar, los datos pueden dividirse en dos tablas:

Tabla de clientes:

CustomerID	CustomerName
1	John Doe
2	Jane Smith

Tabla de pedidos:

OrderID	CustomerID	Product	Price
1	1	Laptop	1500
2	1	Smartphone	800
3	2	Tablet	400

La estructura elimina redundancias y facilita el mantenimiento de los datos.

Ventajas de las bases de datos relacionales
Las bases de datos relacionales ofrecen varias ventajas, incluyendo:

- Integridad de los datos: garantizada por claves primarias y foráneas, que evitan inconsistencias.

- Flexibilidad: permite consultas complejas para análisis y manipulación de datos.

- Escalabilidad: sirve tanto para aplicaciones pequeñas como para grandes sistemas empresariales.

- Estandarización: el uso de SQL hace que las bases de datos relacionales sean accesibles y ampliamente compatibles.

Comprender las estructuras fundamentales, como tablas, esquemas y relaciones, junto con los principios de normalización, es esencial para diseñar y gestionar bases de datos eficientes. Estas bases sólidas capacitan a desarrolladores y analistas para maximizar el valor de los datos, evitando problemas comunes y optimizando la integridad y el rendimiento del sistema.

CAPÍTULO 4. COMANDOS BÁSICOS DE SQL

SQL es un lenguaje robusto diseñado para gestionar datos de manera eficiente y estructurada. Entre los comandos más importantes se encuentran SELECT, INSERT, UPDATE y DELETE, que forman la base para la manipulación y consulta de datos en cualquier base de datos relacional. Combinados con la creación de tablas y prácticas eficaces de manipulación inicial de datos, estos comandos permiten la organización y el uso inteligente de la información almacenada.

Comando SELECT

El comando SELECT se utiliza para recuperar datos de tablas. Permite especificar qué columnas mostrar, qué filas seleccionar y cómo organizar los resultados. Para listar todos los datos de una tabla, se puede usar el carácter comodín (*):

sql

```sql
SELECT * FROM employees;
```

Este comando devuelve todos los registros y columnas de la tabla "employees". Para seleccionar columnas específicas, se usan los nombres de las columnas:

sql

```sql
SELECT first_name, last_name, salary FROM employees;
```

Además, es posible agregar filtros con la cláusula WHERE para buscar registros específicos. Por ejemplo, para encontrar empleados que ganan más de 5000:

sql

```
SELECT first_name, last_name, salary

FROM employees

WHERE salary > 5000;
```

Ordenar los resultados es útil para mejorar la legibilidad. La cláusula ORDER BY organiza los datos en orden ascendente (predeterminado) o descendente:

sql

```
SELECT first_name, last_name, salary

FROM employees

WHERE salary > 5000

ORDER BY salary DESC;
```

La cláusula GROUP BY permite agrupar datos y se combina frecuentemente con funciones agregadas como COUNT, AVG y SUM. Para contar el número de empleados por departamento:

sql

```
SELECT department_id, COUNT(*) AS employee_count

FROM employees

GROUP BY department_id;
```

Comando INSERT

El comando INSERT agrega nuevos registros a una tabla. Exige que los valores proporcionados correspondan a las columnas de la tabla, tanto en orden como en tipo de dato. Para agregar un solo empleado a la tabla "employees":

sql

```
INSERT INTO employees (first_name, last_name, department_id, salary)
VALUES ('Jane', 'Doe', 101, 4500);
```

Es posible insertar múltiples registros de una vez, separando los valores con comas:

sql

```
INSERT INTO employees (first_name, last_name, department_id, salary)
VALUES
('John', 'Smith', 102, 5500),
('Alice', 'Johnson', 103, 6000),
('Robert', 'Brown', 101, 4800);
```

Si la tabla permite valores predeterminados o campos opcionales, es posible omitir las columnas correspondientes. Por ejemplo, si "hire_date" tiene un valor predeterminado definido:

sql

```
INSERT INTO employees (first_name, last_name, salary)
VALUES ('Emma', 'Davis', 5200);
```

Comando UPDATE

El comando UPDATE modifica datos existentes en una tabla. Utiliza la cláusula SET para definir los nuevos valores y WHERE para especificar qué registros deben ser alterados. Para aumentar el salario de todos los empleados del departamento 101 en un 10%:

sql

```
UPDATE employees
SET salary = salary * 1.10
WHERE department_id = 101;
```

Es importante usar la cláusula WHERE para evitar actualizaciones en todos los registros de la tabla. La ausencia de WHERE aplica el cambio globalmente, lo que puede causar errores graves.

Comando DELETE

El comando DELETE elimina registros de una tabla según condiciones especificadas por la cláusula WHERE. Para eliminar todos los empleados del departamento 103:

sql

```
DELETE FROM employees
WHERE department_id = 103;
```

Al igual que con UPDATE, la ausencia de WHERE resulta en la eliminación de todos los registros de la tabla, lo que puede ser desastroso. Para evitar problemas, se recomienda revisar cuidadosamente la condición antes de ejecutar el comando.

Creación de Tablas

La creación de tablas en SQL utiliza el comando CREATE TABLE. Define el nombre de la tabla, los nombres de las columnas y sus tipos de datos. Para crear una tabla para almacenar información de clientes:

sql

```
CREATE TABLE customers (
    customer_id INT AUTO_INCREMENT PRIMARY KEY,
    first_name VARCHAR(50),
    last_name VARCHAR(50),
    email VARCHAR(100) UNIQUE,
    phone VARCHAR(15),
    registration_date DATE
);
```

La tabla "customers" incluye una clave primaria (customer_id) y una restricción de unicidad en el email, evitando duplicaciones. Las columnas pueden configurarse con valores predeterminados, como "registration_date":

sql

```
CREATE TABLE customers (
    customer_id INT AUTO_INCREMENT PRIMARY KEY,
    first_name VARCHAR(50),
    last_name VARCHAR(50),
    email VARCHAR(100) UNIQUE,
    phone VARCHAR(15),
    registration_date DATE DEFAULT CURRENT_DATE
```

```
);
```

Las alteraciones en tablas existentes se realizan con el comando ALTER TABLE. Para agregar una nueva columna "address":

sql

```
ALTER TABLE customers
ADD address VARCHAR(255);
```

Manipulación Inicial de Datos

Después de crear una tabla, agregar registros iniciales es un paso importante para validar la estructura y funcionalidad. Insertar datos reales o ficticios ayuda a probar consultas y operaciones:

sql

```
INSERT INTO customers (first_name, last_name, email, phone)
VALUES
('Alice', 'Brown', 'alice.brown@example.com', '123-456-7890'),
('Bob', 'Smith', 'bob.smith@example.com', '987-654-3210'),
('Charlie', 'Davis', 'charlie.davis@example.com', '555-555-5555');
```

Se pueden realizar consultas para verificar la inserción y explorar los datos disponibles:

sql

```
SELECT * FROM customers;
```

Modificar registros permite ajustes iniciales, corrigiendo errores o actualizando información según sea necesario:

```sql
sql
UPDATE customers
SET phone = '444-444-4444'
WHERE first_name = 'Alice' AND last_name = 'Brown';
```

Eliminar registros es útil para quitar entradas inválidas o redundantes:

```sql
sql
DELETE FROM customers
WHERE email = 'charlie.davis@example.com';
```

Ejercicios Prácticos y Errores Comunes

Practicar los comandos básicos es fundamental para consolidar el conocimiento y evitar errores comunes. Crear una base de datos ficticia para gestionar una pequeña librería ofrece un escenario práctico:

```sql
sql
CREATE DATABASE bookstore;
USE bookstore;

CREATE TABLE books (
    book_id INT AUTO_INCREMENT PRIMARY KEY,
    title VARCHAR(255),
    author VARCHAR(100),
    genre VARCHAR(50),
    price DECIMAL(10, 2),
```

```
    stock INT
);


CREATE TABLE sales (
    sale_id INT AUTO_INCREMENT PRIMARY KEY,
    book_id INT,
    quantity INT,
    sale_date DATE,
    FOREIGN KEY (book_id) REFERENCES books(book_id)
);
```

Insertar registros en la tabla "books":

sql

```
INSERT INTO books (title, author, genre, price, stock)
VALUES
('SQL Essentials', 'Jane Doe', 'Technology', 29.99, 50),
('Advanced SQL', 'John Smith', 'Technology', 49.99, 30),
('Mystery Novel', 'Alice Johnson', 'Fiction', 19.99, 20);
```

Agregar ventas en la tabla "sales":

sql

```
INSERT INTO sales (book_id, quantity, sale_date)
VALUES
(1, 2, '2024-01-15'),
(2, 1, '2024-01-16'),
```

(1, 1, '2024-01-17');

Errores comunes incluyen olvidar la cláusula WHERE en comandos UPDATE y DELETE, lo que puede alterar o eliminar todos los registros accidentalmente. Revisar las condiciones y utilizar transacciones para revertir cambios ayuda a mitigar riesgos. Por ejemplo:

sql

```
START TRANSACTION;


UPDATE books
SET price = price * 0.9;


ROLLBACK;
```

Este comando revierte cualquier cambio realizado dentro de la transacción, protegiendo los datos contra modificaciones no intencionadas.

Dominar los comandos básicos de SQL es esencial para realizar tareas críticas de consulta y manipulación de datos. La práctica constante, combinada con buenas prácticas, garantiza que las operaciones se realicen con seguridad y eficiencia.

CAPÍTULO 5. FILTRANDO Y ORDENANDO DATOS

El proceso de filtrar y ordenar datos es una habilidad fundamental en SQL, permitiendo la extracción de información específica y la organización de resultados de forma clara y lógica. El comando WHERE, junto con ORDER BY y GROUP BY, proporciona control preciso sobre los datos recuperados y la forma en que se presentan. El uso de operadores lógicos y aritméticos amplía aún más las posibilidades de personalización de las consultas.

Uso de WHERE para crear condiciones precisas

La cláusula WHERE es esencial para filtrar datos en consultas SQL, especificando criterios que los registros deben cumplir para ser incluidos en el resultado. Puede usarse en combinación con operadores lógicos, comparativos y aritméticos, permitiendo crear condiciones precisas.

Para encontrar todos los empleados con salario superior a 5000:

sql

```
SELECT first_name, last_name, salary
FROM employees
WHERE salary > 5000;
```

Es posible usar la cláusula WHERE para combinar varias condiciones, utilizando operadores como AND y OR. Para listar empleados del departamento 101 que ganan más de 4500:

```sql
sql
SELECT first_name, last_name, department_id, salary
FROM employees
WHERE department_id = 101 AND salary > 4500;
```

Operadores como BETWEEN son útiles para especificar rangos. Para buscar empleados con salarios entre 3000 y 7000:

```sql
sql
SELECT first_name, last_name, salary
FROM employees
WHERE salary BETWEEN 3000 AND 7000;
```

El filtrado de valores específicos se realiza con el operador IN. Para identificar empleados en los departamentos 101, 102 y 103:

```sql
sql
SELECT first_name, last_name, department_id
FROM employees
WHERE department_id IN (101, 102, 103);
```

La búsqueda de patrones en cadenas se puede hacer con el operador LIKE, que acepta comodines como % para cualquier secuencia de caracteres y _ para un solo carácter. Para encontrar empleados cuyos nombres comienzan con "J":

```sql
sql
SELECT first_name, last_name
FROM employees
```

```sql
WHERE first_name LIKE 'J%';
```

Ordenación de datos con ORDER BY
La cláusula ORDER BY organiza los resultados de una consulta según una o más columnas. El orden predeterminado es ascendente, pero es posible especificar un orden descendente usando DESC.

Para organizar empleados por salario en orden ascendente:

sql

```sql
SELECT first_name, last_name, salary
FROM employees
ORDER BY salary;
```

Para listar a los empleados mejor pagados primero, la ordenación puede cambiarse:

sql

```sql
SELECT first_name, last_name, salary
FROM employees
ORDER BY salary DESC;
```

Cuando la ordenación depende de múltiples columnas, SQL permite definir prioridades. Para organizar por departamento y, dentro de cada departamento, por salario en orden descendente:

sql

```sql
SELECT first_name, last_name, department_id, salary
FROM employees
ORDER BY department_id, salary DESC;
```

Agrupación de Datos con GROUP BY

La cláusula GROUP BY permite agrupar datos según una o más columnas, y se utiliza frecuentemente con funciones agregadas como SUM, AVG, COUNT, MAX y MIN. Para calcular el salario promedio por departamento:

sql

```
SELECT department_id, AVG(salary) AS average_salary
FROM employees
GROUP BY department_id;
```

Es posible combinar GROUP BY con filtros adicionales usando HAVING. Mientras WHERE filtra registros antes del agrupamiento, HAVING aplica condiciones a los grupos resultantes. Para listar departamentos con salario promedio superior a 5000:

sql

```
SELECT department_id, AVG(salary) AS average_salary
FROM employees
GROUP BY department_id
HAVING AVG(salary) > 5000;
```

Las funciones agregadas también pueden usarse para obtener insights sobre el volumen de datos. Para contar el número de empleados en cada departamento:

sql

```
SELECT department_id, COUNT(*) AS employee_count
```

```
FROM employees
GROUP BY department_id;
```

Combinaciones con Operadores Lógicos y Aritméticos

La combinación de operadores lógicos y aritméticos con WHERE, ORDER BY y GROUP BY aumenta la flexibilidad de las consultas SQL, permitiendo crear criterios avanzados. Para calcular el salario neto de cada empleado considerando un descuento del 10% y listar solo a aquellos con salario neto superior a 4000:

sql

```
SELECT first_name, last_name, salary, salary * 0.9 AS net_salary
FROM employees
WHERE salary * 0.9 > 4000
ORDER BY net_salary DESC;
```

Para analizar la suma de los salarios en departamentos específicos, agrupando y ordenando los resultados:

sql

```
SELECT department_id, SUM(salary) AS total_salary
FROM employees
WHERE department_id IN (101, 102, 103)
GROUP BY department_id
ORDER BY total_salary DESC;
```

Las operaciones aritméticas pueden combinarse con otros criterios para cálculos dinámicos. Para determinar el total de ventas según la cantidad y el precio de los productos:

sql

```
SELECT product_name, quantity, price, quantity * price AS
total_revenue
FROM sales
WHERE quantity * price > 1000
ORDER BY total_revenue DESC;
```

Integración Práctica y Consejos de Uso

Para aplicar los conceptos abordados, la creación de una base de datos ficticia para gestionar una tienda de electrónica ofrece un escenario práctico. La tabla "products" puede almacenar información sobre productos como nombre, precio y categoría:

sql

```
CREATE TABLE products (
    product_id INT AUTO_INCREMENT PRIMARY KEY,
    product_name VARCHAR(100),
    category VARCHAR(50),
    price DECIMAL(10, 2),
    stock INT
);
```

sql

```
INSERT INTO products (product_name, category, price, stock)
VALUES
('Laptop', 'Electronics', 1500.00, 30),
```

('Smartphone', 'Electronics', 800.00, 50),

('Headphones', 'Accessories', 50.00, 100),

('Charger', 'Accessories', 20.00, 200),

('Tablet', 'Electronics', 600.00, 25);

Para listar productos con stock inferior a 50 unidades:

sql

```sql
SELECT product_name, stock
FROM products
WHERE stock < 50;
```

Calcular el valor total de inventario por categoría:

sql

```sql
SELECT category, SUM(price * stock) AS total_stock_value
FROM products
GROUP BY category
ORDER BY total_stock_value DESC;
```

Encontrar el producto más caro en cada categoría:

sql

```sql
SELECT category, product_name, MAX(price) AS highest_price
FROM products
GROUP BY category;
```

Prevención de Errores y Buenas Prácticas

Es importante verificar la precisión de las condiciones en WHERE, especialmente al usar operadores como AND y OR, para evitar resultados inesperados. La ausencia de filtros en operaciones críticas como DELETE y UPDATE puede causar cambios no deseados en todos los registros. Revisar consultas y usar transacciones para simular resultados antes de aplicar cambios es una práctica recomendada.

Comprender el uso de WHERE, ORDER BY y GROUP BY, combinado con operadores lógicos y aritméticos, permite construir consultas sofisticadas y personalizadas. La práctica continua y la aplicación de estos conceptos en escenarios reales fortalecen la habilidad de extraer, organizar e interpretar datos con eficiencia y precisión.

CAPÍTULO 6. TRABAJANDO CON MÚLTIPLES TABLAS

En los sistemas de bases de datos relacionales, los datos generalmente están distribuidos entre varias tablas para mantener la organización y la integridad de la información. Trabajar con múltiples tablas requiere el uso de uniones (joins), que conectan diferentes tablas con base en condiciones específicas. Dominar estas técnicas es esencial para realizar consultas complejas e integrar datos de manera eficiente y clara.

Uniones en SQL

Las uniones permiten combinar datos de dos o más tablas usando condiciones basadas en columnas relacionadas. La unión más común se realiza mediante claves primarias y foráneas, garantizando que los datos mantengan sus relaciones naturales.

Las uniones se pueden clasificar en diferentes tipos, cada una con propósitos específicos:

- INNER JOIN: Devuelve solo los registros que tienen coincidencias en ambas tablas.

- LEFT JOIN: Devuelve todos los registros de la tabla izquierda y los registros coincidentes de la tabla derecha.

- RIGHT JOIN: Devuelve todos los registros de la tabla derecha y los registros coincidentes de la tabla izquierda.

- FULL JOIN: Devuelve todos los registros de ambas tablas,

coincidentes o no.

Uso de INNER JOIN

El INNER JOIN se utiliza para recuperar registros que tienen coincidencias en ambas tablas. Considera dos tablas: "customers" y "orders". La tabla "customers" almacena información sobre clientes, mientras que "orders" almacena detalles de los pedidos realizados por esos clientes.

sql

```
CREATE TABLE customers (
    customer_id INT PRIMARY KEY,
    name VARCHAR(100),
    email VARCHAR(100)
);


CREATE TABLE orders (
    order_id INT PRIMARY KEY,
    customer_id INT,
    order_date DATE,
    amount DECIMAL(10, 2),
    FOREIGN KEY (customer_id) REFERENCES
customers(customer_id)
);
```

Para encontrar información sobre pedidos y los clientes que los realizaron:

sql

```
SELECT customers.name, customers.email, orders.order_id,
orders.order_date, orders.amount

FROM customers

INNER JOIN orders ON customers.customer_id =
orders.customer_id;
```

Esta consulta devuelve solo los clientes que tienen pedidos registrados. Si un cliente no ha realizado ningún pedido, quedará excluido del resultado.

Uso de LEFT JOIN

El LEFT JOIN incluye todos los registros de la tabla izquierda y los registros coincidentes de la tabla derecha. Si no hay coincidencia, los valores de la tabla derecha se mostrarán como NULL.

Para listar todos los clientes, incluyendo aquellos que aún no han realizado pedidos:

sql

```
SELECT customers.name, customers.email, orders.order_id,
orders.order_date, orders.amount

FROM customers

LEFT JOIN orders ON customers.customer_id =
orders.customer_id;
```

Los clientes sin pedidos registrados tendrán las columnas de la tabla "orders" mostradas como NULL.

Uso de RIGHT JOIN

El RIGHT JOIN funciona de manera inversa al LEFT JOIN, devolviendo todos los registros de la tabla derecha y los coincidentes de la tabla izquierda. Para listar todos los pedidos, incluyendo aquellos que no tienen clientes asociados:

sql

SELECT customers.name, customers.email, orders.order_id, orders.order_date, orders.amount

FROM customers

RIGHT JOIN orders ON customers.customer_id = orders.customer_id;

Los pedidos sin clientes asociados tendrán las columnas de la tabla "customers" mostradas como NULL.

Uso de FULL JOIN

El FULL JOIN combina los resultados del LEFT JOIN y RIGHT JOIN, devolviendo todos los registros de ambas tablas, estén relacionados o no.

Para obtener todos los clientes y todos los pedidos, incluyendo aquellos que no tienen coincidencias:

sql

SELECT customers.name, customers.email, orders.order_id, orders.order_date, orders.amount

FROM customers

FULL JOIN orders ON customers.customer_id = orders.customer_id;

Esta unión es útil cuando se necesita visualizar todos los datos, independientemente de si están relacionados.

Consultas Eficientes y Claras

Para consultas más eficientes, es importante indexar las columnas que se usan frecuentemente en uniones, como claves primarias y foráneas. Los índices mejoran significativamente el rendimiento, especialmente al trabajar con grandes volúmenes de datos.

Crear un índice en una tabla se puede hacer con el siguiente comando:

sql

```sql
CREATE INDEX idx_customer_id ON orders (customer_id);
```

Otra práctica recomendada es limitar las columnas devueltas en la consulta a las estrictamente necesarias, reduciendo el consumo de memoria y haciendo que los resultados sean más fáciles de interpretar. Por ejemplo, al buscar solo los nombres de clientes y el total de sus pedidos:

sql

```sql
SELECT customers.name, SUM(orders.amount) AS total_spent

FROM customers

INNER JOIN orders ON customers.customer_id = orders.customer_id

GROUP BY customers.name;
```

Ejemplos de Integración de Datos

Un escenario común es integrar datos de ventas, productos y clientes. Considera tres tablas: "customers", "orders" y "products". La tabla "orders" relaciona a los clientes con los productos adquiridos.

sql

```sql
CREATE TABLE products (
    product_id INT PRIMARY KEY,
```

```sql
    product_name VARCHAR(100),
    price DECIMAL(10, 2)
);


CREATE TABLE orders (
    order_id INT PRIMARY KEY,
    customer_id INT,
    product_id INT,
    order_date DATE,
    quantity INT,
    FOREIGN KEY (customer_id) REFERENCES customers(customer_id),
    FOREIGN KEY (product_id) REFERENCES products(product_id)
);
```

Para listar los clientes que compraron un producto específico:

sql

```sql
SELECT customers.name, customers.email, products.product_name, orders.quantity
FROM customers
INNER JOIN orders ON customers.customer_id = orders.customer_id
INNER JOIN products ON orders.product_id = products.product_id
WHERE products.product_name = 'Laptop';
```

Esta consulta utiliza múltiples uniones para integrar datos de tres tablas, mostrando una visión consolidada de la información.

Para calcular el total gastado por cliente en todos los productos:

sql

```
SELECT customers.name, SUM(products.price * orders.quantity) AS total_spent
FROM customers
INNER JOIN orders ON customers.customer_id = orders.customer_id
INNER JOIN products ON orders.product_id = products.product_id
GROUP BY customers.name;
```

Combina las tablas para calcular el gasto total de cada cliente, agrupando los resultados por nombre.

Prevención de Errores Comunes

Al trabajar con uniones, es fundamental comprender las relaciones entre las tablas y verificar las condiciones ON. Condiciones inadecuadas pueden llevar a resultados incorrectos o duplicados. Revisar la lógica de las consultas y usar alias para simplificar la lectura es una buena práctica.

sql

```
SELECT c.name, p.product_name, o.quantity
FROM customers AS c
```

```
INNER JOIN orders AS o ON c.customer_id = o.customer_id
INNER JOIN products AS p ON o.product_id = p.product_id;
```

El uso de alias reduce el tamaño de las expresiones y hace que el código sea más legible.

Trabajar con múltiples tablas exige un entendimiento claro de las relaciones entre los datos. La práctica continua y la aplicación de técnicas eficientes garantizan consultas precisas y de alto rendimiento.

CAPÍTULO 7. ESTRUCTURANDO DATOS: CREACIÓN Y MODIFICACIÓN

La organización eficiente de datos en una base de datos relacional comienza con la estructuración de sus tablas. Los comandos DDL (Data Definition Language) proporcionan las herramientas para crear, modificar y eliminar tablas y otros objetos de la base de datos. Estos comandos son esenciales para garantizar que los datos se almacenen de manera organizada, consistente y escalable, además de facilitar su mantenimiento y uso.

Introducción a los Comandos DDL (CREATE, ALTER, DROP)

El comando CREATE se usa para crear tablas y otros objetos en la base de datos. Define la estructura básica, incluyendo columnas, tipos de datos y restricciones. Crear una tabla para almacenar información de productos puede hacerse así:

sql

```sql
CREATE TABLE products (
    product_id INT AUTO_INCREMENT PRIMARY KEY,
    product_name VARCHAR(100) NOT NULL,
    category VARCHAR(50),
    price DECIMAL(10, 2) NOT NULL,
    stock INT DEFAULT 0
);
```

Esta tabla define una estructura básica para almacenar información sobre productos, con una clave primaria (product_id) que se incrementa automáticamente, columnas obligatorias y valores predeterminados para el stock.

El comando ALTER modifica la estructura de una tabla existente, permitiendo agregar, alterar o eliminar columnas y restricciones. Para agregar una columna "supplier_name" en la tabla "products":

sql

```
ALTER TABLE products
ADD supplier_name VARCHAR(100);
```

Para modificar el tipo de dato de una columna, como cambiar la columna "category" para aceptar hasta 100 caracteres:

sql

```
ALTER TABLE products
MODIFY category VARCHAR(100);
```

Para eliminar una columna que ya no es necesaria, como "supplier_name":

sql

```
ALTER TABLE products
DROP COLUMN supplier_name;
```

El comando DROP elimina tablas u otros objetos de la base de datos de forma permanente. Para eliminar la tabla "products":

sql

```
DROP TABLE products;
```

Esta acción es irreversible, por lo que debe realizarse con cuidado y solo después de verificar que los datos no serán necesarios o que existe un respaldo adecuado.

Estrategias de Diseño de Tablas para Escalabilidad

El diseño de tablas debe planificarse pensando en la escalabilidad, asegurando que la base de datos pueda crecer y adaptarse a los cambios en las necesidades de datos. Algunas estrategias importantes incluyen:

- Definir tipos de datos apropiados: Elegir tipos de datos adecuados al uso previsto reduce el consumo de memoria y mejora el rendimiento. Por ejemplo, usar TINYINT para columnas que almacenan valores de 0 a 255 es más eficiente que usar INT.

- Usar claves primarias y foráneas: Definir claves primarias garantiza que cada registro sea único, mientras que las claves foráneas mantienen la integridad referencial entre tablas. En la tabla "orders", la clave foránea "product_id" conecta pedidos a los productos correspondientes:

sql

```
CREATE TABLE orders (
    order_id INT AUTO_INCREMENT PRIMARY KEY,
    product_id INT NOT NULL,
    order_date DATE NOT NULL,
    quantity INT NOT NULL,
    FOREIGN KEY (product_id) REFERENCES
```

products(product_id)

);

- Normalización: Dividir los datos en tablas más pequeñas y bien relacionadas reduce redundancias y mejora la consistencia. En un sistema de gestión de una librería, dividir información de libros, autores y categorías en tablas separadas ayuda a evitar duplicaciones y facilita el mantenimiento.

sql

```sql
CREATE TABLE authors (
    author_id INT AUTO_INCREMENT PRIMARY KEY,
    name VARCHAR(100) NOT NULL
);

CREATE TABLE books (
    book_id INT AUTO_INCREMENT PRIMARY KEY,
    title VARCHAR(100) NOT NULL,
    author_id INT,
    category VARCHAR(50),
    FOREIGN KEY (author_id) REFERENCES authors(author_id)
);
```

- Indexación: Crear índices en columnas usadas frecuentemente en consultas acelera la recuperación de datos. En la tabla "orders", crear un índice en la columna "order_date" mejora el rendimiento de consultas que filtran u ordenan por fecha:

sql

CREATE INDEX idx_order_date ON orders(order_date);

- Planificación para crecimiento futuro: Agregar columnas adicionales o reservar espacio para expansiones futuras minimiza alteraciones estructurales frecuentes. Usar tipos de datos como VARCHAR con límites adecuados en lugar de CHAR fijo permite flexibilidad.

Prácticas Recomendadas para
Organización de Esquemas

Organizar esquemas de forma clara y lógica facilita la gestión y comprensión de la base de datos. Seguir buenas prácticas desde el principio reduce la complejidad a medida que la base crece.

- Nombres consistentes y descriptivos: Usar nombres claros y consistentes para tablas, columnas y otros objetos mejora la legibilidad y evita confusiones. Por ejemplo, usar "order_date" en lugar de "odate" hace que el objetivo de la columna sea más evidente.

- Documentación: Mantener documentación actualizada del esquema, incluidos diagramas de relación entre tablas, ayuda al equipo a entender la estructura de la base de datos.

- Restricción de permisos: Limitar los permisos de acceso a los objetos de la base de datos aumenta la seguridad. Los usuarios que solo necesitan consultar datos pueden configurarse con permisos de lectura:

sql

```
GRANT SELECT ON bookstore.* TO 'read_only_user'@'localhost'
IDENTIFIED BY 'securepassword';
```

- Particionamiento de tablas: Dividir tablas grandes en particiones según criterios como fecha o ubicación geográfica mejora el rendimiento de las consultas. En una tabla de ventas, particionar los datos por año facilita la recuperación de información de un período específico:

sql

```
CREATE TABLE sales_2023 PARTITION BY RANGE (sale_date) (
    PARTITION p2023 VALUES LESS THAN ('2024-01-01')
);
```

- Evitar valores nulos innecesarios: Siempre que sea posible, evitar el uso de valores NULL, sustituyéndolos por valores predeterminados o por tablas auxiliares para datos ausentes. Esto reduce la complejidad de las consultas y previene errores.

- Almacenamiento de histórico: Crear tablas para almacenar registros históricos preserva datos para auditorías o análisis futuros. En un sistema de pedidos, crear una tabla "order_history" para registrar cambios en pedidos mantiene intacto el histórico:

sql

```
CREATE TABLE order_history (
```

```sql
    history_id INT AUTO_INCREMENT PRIMARY KEY,
    order_id INT,
    change_date TIMESTAMP DEFAULT CURRENT_TIMESTAMP,
    old_quantity INT,
    new_quantity INT,
    FOREIGN KEY (order_id) REFERENCES orders(order_id)
);
```

Implementación Práctica de Diseño Escalable

Crear una base de datos escalable para gestionar una tienda online implica diseñar tablas bien estructuradas para almacenar información de clientes, productos, pedidos y pagos.

sql

```sql
CREATE TABLE customers (
    customer_id INT AUTO_INCREMENT PRIMARY KEY,
    first_name VARCHAR(50),
    last_name VARCHAR(50),
    email VARCHAR(100) UNIQUE,
    phone VARCHAR(15),
    registration_date DATE DEFAULT CURRENT_DATE
);

CREATE TABLE products (
    product_id INT AUTO_INCREMENT PRIMARY KEY,
```

```
    product_name VARCHAR(100),

    price DECIMAL(10, 2),

    stock INT DEFAULT 0

);


CREATE TABLE orders (

    order_id INT AUTO_INCREMENT PRIMARY KEY,

    customer_id INT,

    order_date DATE DEFAULT CURRENT_DATE,

    status VARCHAR(20) DEFAULT 'Pending',

    FOREIGN KEY (customer_id) REFERENCES
customers(customer_id)

);


CREATE TABLE order_details (

    detail_id INT AUTO_INCREMENT PRIMARY KEY,

    order_id INT,

    product_id INT,

    quantity INT,

    price DECIMAL(10, 2),

    FOREIGN KEY (order_id) REFERENCES orders(order_id),

    FOREIGN KEY (product_id) REFERENCES
products(product_id)

);
```

Esta estructura permite gestionar clientes, rastrear pedidos y asociar productos a cada transacción. Las tablas están relacionadas, garantizando consistencia y escalabilidad.

Para actualizar el estado de un pedido después del pago:

sql

```
UPDATE orders
SET status = 'Completed'
WHERE order_id = 1;
```

Eliminar productos descontinuados y no asociados a ningún pedido activo:

sql

```
DELETE FROM products
WHERE product_id NOT IN (
    SELECT DISTINCT product_id FROM order_details
);
```

La estructuración de datos es un proceso continuo que combina planificación inicial y ajustes frecuentes. Con el uso adecuado de los comandos DDL, el diseño escalable y la organización eficiente de los esquemas, las bases de datos pueden crecer en complejidad y volumen sin comprometer el rendimiento ni la consistencia. Estrategias sólidas permiten crear sistemas robustos que satisfacen las necesidades actuales y se adaptan a las demandas futuras.

CAPÍTULO 8. FUNCIONES DE AGREGACIÓN Y ANÁLISIS DE DATOS

Las funciones de agregación son herramientas esenciales en SQL para resumir, calcular y analizar conjuntos de datos. Permiten transformar grandes volúmenes de información en informes concisos y útiles, facilitando la toma de decisiones. Operaciones como SUM, AVG, MAX, MIN y COUNT son ampliamente utilizadas en escenarios de informes y análisis, siendo particularmente valiosas en aplicaciones empresariales y científicas.

Operaciones con Funciones de Agregación

Las funciones de agregación operan sobre conjuntos de valores para devolver un único valor agregado, como la suma total o el promedio. Estas operaciones son especialmente útiles en informes financieros, análisis de desempeño y otros escenarios donde es necesario resumir datos.

SUM

La función SUM calcula la suma de valores en una columna específica. Para obtener los ingresos totales de ventas almacenados en la tabla "sales":

sql

```
SELECT SUM(total_amount) AS total_revenue
FROM sales;
```

Este comando devuelve la suma de todas las ventas registradas, permitiendo una visión general del desempeño financiero.

Para calcular los ingresos totales de ventas por región, utilizando la cláusula GROUP BY:

sql

```
SELECT region, SUM(total_amount) AS total_revenue
FROM sales
GROUP BY region;
```

Esta consulta agrupa los registros por región y calcula la suma de las ventas para cada grupo.

AVG

La función AVG devuelve el promedio de valores en una columna. Para calcular el promedio de salarios almacenados en la tabla "employees":

sql

```
SELECT AVG(salary) AS average_salary
FROM employees;
```

Esta operación es útil para identificar patrones salariales en una organización. Para calcular el promedio salarial por departamento:

sql

```
SELECT department_id, AVG(salary) AS average_salary
FROM employees
GROUP BY department_id;
```

El comando proporciona información específica para cada departamento, ayudando en el análisis de disparidades salariales.

MAX y MIN

Las funciones MAX y MIN devuelven, respectivamente, el valor mayor y el menor en una columna. Para identificar el precio más alto y el más bajo en una tabla de productos:

sql

```sql
SELECT MAX(price) AS highest_price, MIN(price) AS
lowest_price
FROM products;
```

Estas funciones son útiles para análisis de mercado y definición de estrategias de precios. Para encontrar el producto más caro de cada categoría:

sql

```sql
SELECT category, MAX(price) AS highest_price
FROM products
GROUP BY category;
```

La consulta categoriza los productos y devuelve el precio más alto en cada categoría.

COUNT

La función COUNT calcula el número de registros en una tabla o en un grupo específico. Para contar el número total de pedidos en una tabla de ventas:

sql

```sql
SELECT COUNT(*) AS total_orders
FROM orders;
```

Para contar el número de pedidos en cada mes:

sql

```sql
SELECT MONTH(order_date) AS order_month, COUNT(*) AS
total_orders
FROM orders
GROUP BY MONTH(order_date);
```

Este comando categoriza los pedidos por mes y calcula el total para cada uno.

Aplicaciones Prácticas en Escenarios de Informes y Análisis

Las funciones de agregación son ampliamente utilizadas en informes empresariales, análisis de desempeño y toma de decisiones estratégicas. Una aplicación práctica es generar informes financieros que resuman ingresos, gastos y ganancias a lo largo del tiempo.

Para calcular la ganancia total en una tabla que almacena ingresos y gastos:

sql

```sql
SELECT SUM(revenue) - SUM(expense) AS total_profit
FROM financials;
```

En un informe de ventas, es posible identificar las cinco categorías más lucrativas:

```sql
sql
SELECT category, SUM(total_amount) AS total_revenue
FROM sales
GROUP BY category
ORDER BY total_revenue DESC
LIMIT 5;
```

Los datos ayudan a priorizar inversiones en categorías que ofrecen mayor retorno financiero.

Análisis con Grandes Volúmenes de Datos

Grandes volúmenes de datos requieren optimización y planificación para garantizar que las funciones de agregación se ejecuten de manera eficiente. Crear índices en las columnas usadas en agrupamientos y filtros mejora significativamente el rendimiento.

Para optimizar una consulta que calcula el promedio de salarios por departamento:

```sql
sql
CREATE INDEX idx_department_id ON
employees(department_id);


SELECT department_id, AVG(salary) AS average_salary
FROM employees
GROUP BY department_id;
```

En análisis de grandes volúmenes de datos, dividir los conjuntos en particiones ayuda a reducir la complejidad y el tiempo de ejecución. En una tabla de ventas particionada por año, calcular los ingresos totales de 2023 es más eficiente:

sql

```
SELECT SUM(total_amount) AS total_revenue
FROM sales
WHERE sale_year = 2023;
```

Casos de uso reales

Una aplicación práctica es la gestión de inventarios en una red de comercio minorista. La tabla "inventory" puede almacenar información sobre productos, inventarios y ventas. Para calcular el valor total del inventario disponible:

sql

```
SELECT SUM(stock * price) AS total_inventory_value
FROM inventory;
```

Para identificar los productos con mayor inventario en cada categoría:

sql

```
SELECT category, product_name, MAX(stock) AS highest_stock
FROM inventory
GROUP BY category, product_name;
```

En el sector educativo, analizar el desempeño de estudiantes según sus calificaciones es otra aplicación valiosa. Para calcular el promedio de calificaciones por materia:

sql

```sql
SELECT subject, AVG(score) AS average_score
FROM grades
GROUP BY subject;
```

Para identificar a los tres mejores estudiantes de cada materia:

sql
```sql
SELECT subject, student_name, MAX(score) AS top_score
FROM grades
GROUP BY subject, student_name
ORDER BY top_score DESC
LIMIT 3;
```

Buenas Prácticas y Prevención de Errores

Al usar funciones de agregación, es importante considerar el impacto de valores nulos. Para evitar inconsistencias, usar la función COALESCE para reemplazar valores nulos por un valor predeterminado:

sql
```sql
SELECT SUM(COALESCE(salary, 0)) AS total_salary
FROM employees;
```

Las funciones de agregación también deben combinarse con filtros claros para evitar resultados imprecisos. Aplicar WHERE antes de GROUP BY garantiza que solo los registros relevantes se incluyan.

sql
```sql
SELECT department_id, SUM(salary) AS total_salary
```

8

```
FROM employees
WHERE salary > 3000
GROUP BY department_id;
```

Estas prácticas garantizan que los resultados sean precisos y útiles para análisis e informes.

Las funciones de agregación son herramientas indispensables para transformar datos en información accionable. Combinadas con buenas prácticas de uso y optimización, permiten análisis detallados y eficientes, ya sea en tablas pequeñas o en grandes volúmenes de datos. La práctica constante con escenarios reales fortalece las habilidades y amplía las posibilidades de aplicación.

CAPÍTULO 9. TRANSFORMACIÓN DE DATOS CON FUNCIONES AVANZADAS

La transformación de datos es una práctica esencial en SQL para modelar y manipular información de forma eficaz. Las funciones avanzadas para cadenas, fechas, operaciones matemáticas y condiciones permiten crear consultas dinámicas y realizar análisis detallados. Estas herramientas son indispensables en proyectos de data science, informes empresariales y optimizaciones de bases de datos.

Manipulación de Cadenas

Las funciones de manipulación de cadenas se usan para alterar, formatear o extraer información de columnas de texto. En tablas que almacenan nombres, direcciones o descripciones, estas funciones ofrecen flexibilidad para modelar los datos según las necesidades.

Para convertir textos a mayúsculas, la función UPPER es útil:

sql

```
SELECT UPPER(first_name) AS uppercase_name
FROM employees;
```

Esta función transforma todos los nombres a mayúsculas, estandarizando la visualización.

Para convertir a minúsculas, la función LOWER:

sql

```
SELECT LOWER(email) AS lowercase_email
FROM customers;
```

Esto es particularmente útil al comparar valores textuales en consultas, ya que la mayoría de las bases de datos distingue entre mayúsculas y minúsculas.

Para extraer una subcadena de un campo, se usa la función SUBSTRING. Para capturar los primeros tres caracteres de un código de producto:

sql

```
SELECT SUBSTRING(product_code, 1, 3) AS product_prefix
FROM products;
```

Para eliminar espacios innecesarios, la función TRIM elimina espacios en blanco al inicio o al final de un texto:

sql

```
SELECT TRIM(name) AS trimmed_name
FROM customers;
```

Para combinar diferentes cadenas, la función CONCAT une valores de varias columnas:

sql

```
SELECT CONCAT(first_name, ' ', last_name) AS full_name
FROM employees;
```

Este enfoque es útil para crear campos compuestos que no están disponibles directamente en la tabla.

Manipulación de Fechas

Las funciones para manejar fechas son esenciales en bases de datos, permitiendo calcular intervalos, formatear valores y realizar comparaciones temporales.

Para obtener la fecha actual, se usa la función CURRENT_DATE o GETDATE:

sql

```sql
SELECT CURRENT_DATE AS today;
```

Para calcular la diferencia entre dos fechas, la función DATEDIFF devuelve el intervalo en días:

sql

```sql
SELECT DATEDIFF(CURRENT_DATE, hire_date) AS
days_employed
FROM employees;
```

Para sumar o restar valores a una fecha, funciones como DATE_ADD y DATE_SUB son útiles. Para calcular la fecha de vencimiento de un pedido sumando 30 días a la fecha actual:

sql

```sql
SELECT DATE_ADD(order_date, INTERVAL 30 DAY) AS due_date
FROM orders;
```

Para formatear una fecha en un patrón específico, la función

DATE_FORMAT permite ajustar el formato de salida:

sql

```
SELECT DATE_FORMAT(order_date, '%d/%m/%Y') AS
formatted_date
FROM orders;
```

Este formato mejora la legibilidad y adecuación del valor a diferentes contextos.

Funciones Matemáticas

Las funciones matemáticas permiten realizar cálculos complejos directamente en las consultas, reduciendo la necesidad de procesamiento adicional en otras herramientas.

Para calcular el valor total de inventario multiplicando la cantidad por el precio unitario:

sql

```
SELECT product_name, stock * price AS total_stock_value
FROM products;
```

Para redondear valores, la función ROUND es útil, especialmente en cálculos financieros. Para mostrar los precios con dos decimales:

sql

```
SELECT product_name, ROUND(price, 2) AS rounded_price
FROM products;
```

Para calcular raíces cuadradas, se usa la función SQRT. Para determinar la raíz cuadrada de un valor almacenado:

sql

```
SELECT SQRT(area) AS square_root_area
FROM regions;
```

Funciones como CEIL y FLOOR se usan para redondear valores hacia arriba o abajo. Para calcular el techo de valores fraccionarios:

sql

```
SELECT CEIL(average_rating) AS rounded_up_rating
FROM reviews;
```

Funciones Condicionales para Modelado

Las funciones condicionales permiten crear lógica dentro de las consultas, ajustando los resultados según condiciones específicas. La función CASE es la más común, permitiendo manipular salidas según criterios.

Para categorizar productos por rango de precio:

sql

```
SELECT product_name, price,
    CASE
        WHEN price < 50 THEN 'Cheap'
        WHEN price BETWEEN 50 AND 200 THEN 'Moderate'
        ELSE 'Expensive'
    END AS price_category
```

```sql
FROM products;
```

Para calcular un bono salarial según rangos de desempeño:

sql

```sql
SELECT employee_id, salary,
    CASE
        WHEN performance_rating = 'A' THEN salary * 0.20
        WHEN performance_rating = 'B' THEN salary * 0.10
        ELSE 0
    END AS bonus
FROM employees;
```

La combinación de funciones condicionales con otras funciones avanzadas permite consultas dinámicas y modelado de datos directamente en la base.

Aplicación de Funciones en Consultas Complejas

Las funciones avanzadas pueden combinarse para crear consultas robustas que cumplan requisitos específicos. Para analizar el desempeño de ventas en una tabla que almacena información sobre pedidos, productos y clientes:

sql

```sql
SELECT c.name AS customer_name, p.product_name,
    CONCAT('$', ROUND(o.quantity * p.price, 2)) AS total_value,
    DATE_FORMAT(o.order_date, '%d/%m/%Y') AS
formatted_date
FROM orders o
INNER JOIN customers c ON o.customer_id = c.customer_id
```

```
INNER JOIN products p ON o.product_id = p.product_id
WHERE DATEDIFF(CURRENT_DATE, o.order_date) <= 30
ORDER BY total_value DESC;
```

Esta consulta devuelve el nombre del cliente, el producto comprado, el valor total formateado y la fecha del pedido en formato amigable. Los resultados se ordenan por el valor total, destacando las transacciones más altas del último mes.

Para monitorear el desempeño de categorías de productos e identificar las más vendidas:

sql

```
SELECT p.category, COUNT(o.order_id) AS total_orders,
     SUM(p.price * o.quantity) AS total_revenue
FROM orders o
INNER JOIN products p ON o.product_id = p.product_id
GROUP BY p.category
ORDER BY total_revenue DESC;
```

Esta consulta combina funciones de agregación, manipulación de cadenas y cálculos matemáticos para proporcionar insights detallados sobre categorías de productos.

Optimización y Buenas Prácticas

El uso de funciones avanzadas debe equilibrarse con prácticas de optimización. Crear índices en columnas usadas frecuentemente en consultas mejora significativamente el rendimiento. Evitar operaciones innecesarias en grandes conjuntos de datos también ayuda a minimizar el tiempo de ejecución.

Para evitar duplicación de lógica compleja, es posible crear vistas (views) o procedimientos almacenados (stored procedures). Una vista para formatear datos de clientes y pedidos:

sql

```sql
CREATE VIEW customer_order_summary AS
SELECT c.name AS customer_name, p.product_name,
    ROUND(o.quantity * p.price, 2) AS total_value,
    o.order_date
FROM orders o
INNER JOIN customers c ON o.customer_id = c.customer_id
INNER JOIN products p ON o.product_id = p.product_id;
```

Consultas futuras pueden usar esta vista, simplificando el acceso a datos formateados.

Las transformaciones avanzadas en SQL proporcionan una base poderosa para el modelado de datos, informes dinámicos y análisis detallados. Las funciones de cadenas, fechas, operaciones matemáticas y condicionales, cuando se combinan, hacen de las bases de datos herramientas versátiles y eficientes para atender a una amplia gama de necesidades. El uso inteligente de estas funciones, junto con la práctica constante, fortalece las habilidades de manipulación y análisis de datos.

CAPÍTULO 10. AUTOMATIZACIÓN CON STORED PROCEDURES Y TRIGGERS

La automatización de tareas en bases de datos es una práctica esencial para optimizar procesos, reducir errores manuales y garantizar la consistencia de las operaciones. Stored procedures (procedimientos almacenados) y triggers (disparadores) son herramientas fundamentales para implementar esta automatización. Ambos permiten ejecutar acciones automáticamente en función de comandos explícitos o eventos específicos en la base de datos, lo que los hace indispensables en sistemas modernos.

Conceptos y Beneficios de Procedimientos Almacenados

Los stored procedures son bloques de código SQL almacenados en la base de datos que pueden ejecutarse de forma repetitiva y eficiente. Encapsulan lógica compleja en una sola unidad, haciendo las operaciones más organizadas y fáciles de mantener. Sus beneficios incluyen:

- Reutilización de código: Un procedimiento almacenado puede reutilizarse múltiples veces, reduciendo la duplicación de código y simplificando el mantenimiento.

- Rendimiento optimizado: Como los procedimientos están precompilados en la base de datos, su ejecución es más rápida que las consultas ad hoc.

- Seguridad: Restringir el acceso directo a las tablas y permitir que los usuarios interactúen solo a través de procedimientos almacenados aumenta la seguridad.

- Consistencia: Garantizan que la lógica del negocio se ejecute de forma uniforme en todas las operaciones.

Para crear un procedimiento almacenado que calcule el total de ventas de un cliente específico:

sql

```sql
DELIMITER $$

CREATE PROCEDURE GetCustomerSales(IN customer_id INT)
BEGIN
    SELECT SUM(o.total_amount) AS total_sales
    FROM orders o
    WHERE o.customer_id = customer_id;
END $$

DELIMITER ;
```

La ejecución se realiza con:

sql

```sql
CALL GetCustomerSales(1);
```

Los procedimientos almacenados también pueden incluir lógica condicional. Para crear un procedimiento que ajuste el stock de productos tras una venta:

sql

```
DELIMITER $$


CREATE PROCEDURE AdjustStock(IN product_id INT, IN
quantity_sold INT)
BEGIN
    UPDATE products
    SET stock = stock - quantity_sold
    WHERE product_id = product_id;


    IF (SELECT stock FROM products WHERE product_id =
product_id) < 0 THEN
        SIGNAL SQLSTATE '45000'
        SET MESSAGE_TEXT = 'Stock cannot be negative';
    END IF;
END $$


DELIMITER ;
```

Este procedimiento actualiza el stock y verifica si el valor resultante es negativo, generando un error si se cumple la condición.

Triggers para Automatización de
Acciones en Bases de Datos

Los triggers son bloques de código SQL asociados a eventos

específicos en tablas, como inserciones, actualizaciones o eliminaciones de registros. Se ejecutan automáticamente cuando ocurre el evento asociado, garantizando que ciertas acciones se realicen sin intervención manual.

Los disparadores son útiles para:

- Garantizar integridad de datos: Validar o modificar datos automáticamente antes de ser almacenados.

- Mantener históricos: Crear registros de cambios en tablas para auditorías.

- Automatizar cálculos: Actualizar automáticamente valores dependientes en otras tablas.

Para crear un trigger que registre cambios en el stock de productos en una tabla histórica:

sql

```
DELIMITER $$


CREATE TRIGGER AfterStockUpdate
AFTER UPDATE ON products
FOR EACH ROW
BEGIN
    INSERT INTO stock_history (product_id, old_stock,
new_stock, update_time)
    VALUES (NEW.product_id, OLD.stock, NEW.stock, NOW());
END $$


DELIMITER ;
```

Para garantizar que el precio de un producto nunca se reduzca por debajo de 10 unidades monetarias:

sql

```
DELIMITER $$

CREATE TRIGGER BeforePriceUpdate
BEFORE UPDATE ON products
FOR EACH ROW
BEGIN
    IF NEW.price < 10 THEN
        SIGNAL SQLSTATE '45000'
        SET MESSAGE_TEXT = 'Price cannot be lower than 10';
    END IF;
END $$

DELIMITER ;
```

Demostraciones Prácticas y Ejercicios Guiados

La creación de stored procedures y triggers puede aplicarse en múltiples escenarios prácticos. En un sistema de gestión de pedidos, se pueden implementar automatizaciones para validaciones y cálculos.

Para crear un procedimiento almacenado que calcule el valor total de un pedido considerando descuentos por cantidad de artículos:

sql

```
DELIMITER $$

CREATE PROCEDURE CalculateOrderTotal(IN order_id INT)
BEGIN
    DECLARE total_amount DECIMAL(10, 2);
    DECLARE discount DECIMAL(10, 2);

    SELECT SUM(p.price * o.quantity) INTO total_amount
    FROM order_details o
    INNER JOIN products p ON o.product_id = p.product_id
    WHERE o.order_id = order_id;

    IF total_amount > 500 THEN
        SET discount = total_amount * 0.10;
    ELSE
        SET discount = 0;
    END IF;

    UPDATE orders
    SET total_amount = total_amount - discount
    WHERE order_id = order_id;
END $$

DELIMITER ;
```

Para crear un trigger que actualice automáticamente el stock al insertar un nuevo ítem en "order_details":

sql

```
DELIMITER $$

CREATE TRIGGER AfterOrderInsert
AFTER INSERT ON order_details
FOR EACH ROW
BEGIN
    UPDATE products
    SET stock = stock - NEW.quantity
    WHERE product_id = NEW.product_id;
END $$

DELIMITER ;
```

Para proteger la integridad de los datos, crear un trigger que impida eliminar clientes con pedidos pendientes:

sql

```
DELIMITER $$

CREATE TRIGGER BeforeCustomerDelete
BEFORE DELETE ON customers
FOR EACH ROW
```

```
BEGIN
   IF EXISTS (
      SELECT 1 FROM orders WHERE customer_id =
OLD.customer_id AND status = 'Pending'
   ) THEN
      SIGNAL SQLSTATE '45000'
      SET MESSAGE_TEXT = 'Cannot delete customer with
pending orders';
   END IF;
END $$


DELIMITER ;
```

Buenas Prácticas para Procedimientos y Triggers

- Evitar lógica excesiva: Procedimientos y triggers demasiado complejos pueden dificultar el mantenimiento e impactar el rendimiento.

- Documentar el código: Agregar comentarios claros ayuda al equipo a entender la lógica implementada.

- Probar en entornos aislados: Validar el comportamiento antes de aplicar en bases de producción reduce riesgos de errores.

- Monitorear rendimiento: Evaluar el impacto de las automatizaciones en el rendimiento general y ajustar índices y optimizaciones según sea necesario.

Los procedimientos almacenados y los triggers son herramientas poderosas que brindan automatización, consistencia y seguridad a las bases de datos. Combinados con buenas prácticas y planificación, ofrecen soluciones robustas para gestionar procesos repetitivos y validar datos automáticamente, haciendo los sistemas más eficientes y confiables.

CAPÍTULO 11. SEGURIDAD Y CONTROL DE ACCESO

La seguridad de las bases de datos es uno de los pilares para garantizar la integridad, confidencialidad y disponibilidad de los datos almacenados. Proteger las bases de datos contra accesos no autorizados, gestionar permisos de usuarios e implementar prácticas actualizadas son medidas fundamentales en un entorno donde la seguridad digital es cada vez más desafiante.

Proteger Bases de Datos

Proteger una base de datos comienza con la implementación de barreras que dificulten el acceso indebido. Medidas básicas pero eficaces incluyen el uso de autenticación robusta, configuración de firewalls y cifrado de datos.

Autenticación Robusta

El control de acceso debe comenzar por la definición de credenciales fuertes para todos los usuarios. Las contraseñas deben seguir estándares de complejidad, incluyendo letras mayúsculas, minúsculas, números y caracteres especiales. Para crear un nuevo usuario con una contraseña fuerte en MySQL:

sql

```
CREATE USER 'db_user'@'localhost' IDENTIFIED BY
'Str0ngP@ssw0rd!';
```

La autenticación multifactor es una medida adicional que aumenta la seguridad, exigiendo más de un método de verificación para acceder a la base de datos.

Configuración de Firewalls

Los firewalls protegen la base de datos limitando el tráfico permitido solo a IPs confiables. En MySQL, es posible restringir el acceso configurando el host permitido al crear un usuario:

sql

```
CREATE USER 'remote_user'@'192.168.1.10' IDENTIFIED BY 'SecureP@ssword!';
```

La configuración limita el acceso del usuario "remote_user" a la IP especificada, dificultando ataques externos.

Cifrado de Datos

El cifrado protege los datos en reposo y en tránsito contra accesos no autorizados. Para cifrar conexiones, es necesario configurar SSL (Secure Sockets Layer). En MySQL, esto se puede activar durante la conexión:

bash

```
mysql --ssl-ca=ca-cert.pem --ssl-cert=client-cert.pem --ssl-key=client-key.pem
```

Para cifrar datos en reposo, como columnas sensibles, se pueden usar funciones nativas de cifrado. En SQL Server:

sql

```
CREATE TABLE users (
    user_id INT PRIMARY KEY,
    username NVARCHAR(100),
    password VARBINARY(256)
);
```

```
INSERT INTO users (user_id, username, password)
VALUES (1, 'johndoe', ENCRYPTBYKEY(KEY_GUID('KeyName'),
'UserP@ss123!'));
```

Esta estrategia asegura que los datos permanezcan ilegibles incluso en caso de acceso no autorizado.

Permisos y Gestión de Usuarios

La gestión de permisos es crucial para minimizar los riesgos de acceso indebido. El principio de menor privilegio debe aplicarse, asegurando que los usuarios tengan solo los permisos necesarios para cumplir sus funciones.

Creación de Roles y Permisos

Los roles simplifican la administración de permisos agrupando privilegios en categorías manejables. En PostgreSQL, la creación de un rol con permisos de lectura y escritura:

sql

```
CREATE ROLE read_write_user;
GRANT SELECT, INSERT, UPDATE, DELETE ON ALL TABLES IN
SCHEMA public TO read_write_user;
```

Asignar el rol a un usuario:

sql

```
GRANT read_write_user TO 'db_user';
```

Los roles administrativos deben asignarse con precaución, limitando el acceso a comandos críticos como DROP y ALTER.

Revocación de Permisos

Permisos innecesarios o excesivos pueden revocarse para reducir vulnerabilidades. En MySQL:

sql

```
REVOKE INSERT, DELETE ON my_database.* FROM
'db_user'@'localhost';
```

Esto garantiza que el usuario "db_user" conserve solo los privilegios esenciales.

Monitoreo de Usuarios Activos

El monitoreo regular de los usuarios activos y sus actividades es esencial para detectar accesos sospechosos. Para listar conexiones activas en PostgreSQL:

sql

```
SELECT * FROM pg_stat_activity;
```

La desconexión de sesiones inactivas reduce el riesgo de explotación:

sql

```
SELECT pg_terminate_backend(pid)
FROM pg_stat_activity
WHERE state = 'idle' AND now() - state_change > interval '10 minutes';
```

Mejorando la seguridad con prácticas actualizadas: La seguridad de la base de datos debe mejorarse continuamente para mantenerse a la par de las amenazas en evolución. Esto incluye mantener los sistemas actualizados, implementar respaldos regulares y monitorear registros de auditoría.

Actualizaciones regulares

Instalar parches y actualizaciones es fundamental para corregir vulnerabilidades conocidas. Bases de datos modernas como PostgreSQL y SQL Server ofrecen herramientas para automatizar este proceso. Garantizar que todas las dependencias estén actualizadas también reduce las superficies de ataque.

Backup y Recuperación

Un plan sólido de respaldo protege los datos contra fallos y ataques como ransomware. Para crear respaldos automáticos en MySQL:

bash

```
mysqldump -u root -p my_database > my_database_backup.sql
```

El respaldo debe almacenarse en ubicaciones seguras, preferiblemente fuera del entorno de producción, y probarse regularmente.

Auditoría y Monitoreo

Las auditorías ayudan a identificar e investigar actividades sospechosas. En SQL Server, habilitar la auditoría para rastrear cambios en tablas críticas:

sql

```
CREATE SERVER AUDIT Audit_Log
TO FILE (FILEPATH = 'C:\\AuditLogs\\');

CREATE DATABASE AUDIT SPECIFICATION Audit_Tables
FOR SERVER AUDIT Audit_Log
ADD (UPDATE ON dbo.critical_table BY dbo),
```

```
ADD (DELETE ON dbo.critical_table BY dbo);
```

```
ALTER SERVER AUDIT Audit_Log WITH (STATE = ON);
```

Analizar registros regularmente permite identificar comportamientos inusuales y actuar rápidamente.

Segmentación de Datos

La segmentación de datos limita el acceso a información confidencial solo a usuarios autorizados. En SQL Server, configurar enmascaramiento dinámico de datos:

sql

```
CREATE TABLE customer_data (
    customer_id INT PRIMARY KEY,
    email NVARCHAR(100) MASKED WITH (FUNCTION = 'email()'),
    ssn CHAR(11) MASKED WITH (FUNCTION = 'default()')
);
```

Esto garantiza que datos sensibles como correos electrónicos y números de seguridad social estén protegidos.

Control de Acceso Basado en Roles (RBAC)

RBAC asocia permisos a roles específicos, alineando privilegios a las responsabilidades del usuario. En un sistema de ventas, se pueden definir roles como "Admin", "Sales_Manager" y "Sales_Rep". En MySQL:

sql

```
CREATE ROLE Sales_Rep;
```

```sql
GRANT SELECT ON sales TO Sales_Rep;


CREATE ROLE Sales_Manager;
GRANT SELECT, INSERT, UPDATE ON sales TO Sales_Manager;
```

Asegura que cada nivel de usuario tenga acceso estrictamente necesario.

Seguridad Física y Ambiental

Proteger el entorno físico donde se ubican los servidores es tan importante como la seguridad digital. Restricciones de acceso físico, vigilancia y controles ambientales reducen riesgos como robos o daños externos.

Ejercicios Prácticos y Casos de Uso

Para consolidar los conceptos, implementar un sistema de control de acceso para una aplicación ficticia que gestiona registros de estudiantes. Crear una base de datos "school" con tablas para "students", "teachers" y "grades":

sql

```sql
CREATE DATABASE school;


CREATE TABLE students (
    student_id INT AUTO_INCREMENT PRIMARY KEY,
    name VARCHAR(100),
    email VARCHAR(100) UNIQUE,
    enrollment_date DATE
);
```

```sql
CREATE TABLE teachers (
    teacher_id INT AUTO_INCREMENT PRIMARY KEY,
    name VARCHAR(100),
    subject VARCHAR(50)
);
```

```sql
CREATE TABLE grades (
    grade_id INT AUTO_INCREMENT PRIMARY KEY,
    student_id INT,
    teacher_id INT,
    grade CHAR(1),
    FOREIGN KEY (student_id) REFERENCES students(student_id),
    FOREIGN KEY (teacher_id) REFERENCES teachers(teacher_id)
);
```

Crear un usuario "teacher_user" con permisos restringidos para ver e insertar calificaciones:

sql

```sql
CREATE USER 'teacher_user'@'localhost' IDENTIFIED BY 'Teach3rP@ss!';

GRANT SELECT, INSERT ON school.grades TO 'teacher_user'@'localhost';
```

Para auditar cambios en la tabla "grades", crear un registro de auditoría:

sql

```
CREATE TABLE grade_audit (
    audit_id INT AUTO_INCREMENT PRIMARY KEY,
    grade_id INT,
    old_grade CHAR(1),
    new_grade CHAR(1),
    modified_by VARCHAR(100),
    modified_at TIMESTAMP DEFAULT CURRENT_TIMESTAMP
);


CREATE TRIGGER AfterGradeUpdate
AFTER UPDATE ON grades
FOR EACH ROW
BEGIN
    INSERT INTO grade_audit (grade_id, old_grade, new_grade, modified_by)
    VALUES (OLD.grade_id, OLD.grade, NEW.grade, USER());
END;
```

Esto garantiza la trazabilidad de los cambios y promueve la transparencia.

La seguridad de las bases de datos es una responsabilidad continua que combina control técnico y buenas prácticas organizacionales. Implementar autenticación robusta, gestionar permisos con rigor y monitorear el sistema regularmente son pasos fundamentales para proteger información crítica. Cuando se combinan con tecnologías modernas y una postura proactiva, estas prácticas garantizan la integridad y confiabilidad de los datos en cualquier entorno.

CAPÍTULO 12. COPIA DE SEGURIDAD Y RECUPERACIÓN DE DATOS

La copia de seguridad y la recuperación de datos son prácticas fundamentales para garantizar la integridad y la continuidad de los sistemas de información. Con la creciente dependencia de los datos en todas las industrias, proteger la información frente a fallos, ataques o accidentes se ha convertido en una prioridad. Comprender los tipos de backups, sus aplicaciones y estrategias de recuperación eficaces es esencial para mantener la resiliencia de la base de datos.

Tipos de Backups y Cuándo Utilizarlos

Los backups pueden clasificarse en diferentes tipos, cada uno adecuado para escenarios específicos. Elegir el tipo correcto de backup depende del tamaño de la base de datos, la frecuencia de los cambios y los requisitos de recuperación.

Backup Completo

Un backup completo copia todos los datos de la base de datos y sus metadatos asociados. Sirve como base para otros tipos de backups y es esencial para restaurar todo el sistema. Aunque consume más tiempo y espacio de almacenamiento, su amplitud garantiza la confiabilidad.

Crear un backup completo en MySQL usando mysqldump:

bash

```
mysqldump -u root -p my_database >
my_database_full_backup.sql
```

En SQL Server, realizar un backup completo usando T-SQL:

sql

```
BACKUP DATABASE my_database
TO DISK = 'C:\backups\my_database_full.bak'
WITH FORMAT, NAME = 'Full Backup';
```

Los backups completos se recomiendan en intervalos regulares, como semanalmente, y siempre antes de realizar cambios estructurales importantes.

Backup Incremental

Un backup incremental guarda solo los datos que se han modificado o agregado desde el último backup, ya sea completo o incremental. Es más rápido y consume menos espacio, pero requiere que todos los backups incrementales anteriores se restauren en secuencia para recuperar el estado completo.

En PostgreSQL, configurar backups incrementales con la herramienta pg_basebackup en combinación con registros de transacciones:

bash

```
pg_basebackup -D /var/lib/postgresql/incremental_backup -Fp -Xs -P
```

Los backups incrementales son ideales para entornos donde los cambios son frecuentes, como sistemas de comercio electrónico.

Backup Diferencial

Un backup diferencial almacena todos los cambios realizados desde el último backup completo. Requiere más espacio que los incrementales, pero su restauración es más rápida, ya que solo se necesita el backup completo y el diferencial más reciente.

En SQL Server, realizar un backup diferencial:

sql

```
BACKUP DATABASE my_database
TO DISK = 'C:\backups\my_database_diff.bak'
WITH DIFFERENTIAL, NAME = 'Differential Backup';
```

Los backups diferenciales son útiles en situaciones donde la recuperación debe ser rápida, como en sistemas críticos de negocio.

Backup de Logs de Transacción

Los backups de logs de transacción capturan los cambios registrados en los logs de la base de datos, permitiendo una recuperación punto a punto. Este enfoque es indispensable para bases de datos que exigen alta disponibilidad e integridad.

En SQL Server, crear un backup de log de transacción:

sql

```
BACKUP LOG my_database
TO DISK = 'C:\backups\my_database_log.trn'
WITH NO_TRUNCATE;
```

Logs de transacción se usan junto con backups completos y diferenciales para recuperar bases de datos hasta el momento exacto antes de una falla.

Backup en la Nube

Los backups en la nube ofrecen una solución escalable y confiable, almacenando datos en ubicaciones geográficamente distribuidas. Servicios como Amazon RDS, Azure Database y Google Cloud SQL integran funciones de backup automatizado.

Configurar backups automáticos en Amazon RDS:

bash

```bash
aws rds modify-db-instance \
    --db-instance-identifier mydbinstance \
    --backup-retention-period 7
```

Los backups en la nube son ideales para empresas que buscan minimizar la complejidad de la gestión de infraestructura.

Estrategias de Recuperación para Diferentes Escenarios de Falla

Las estrategias de recuperación dependen del tipo de falla enfrentada, ya sea causada por error humano, corrupción de datos, fallas de hardware o ataques cibernéticos. Establecer planes claros y probados es esencial para minimizar el tiempo de inactividad.

Recuperación tras Fallo de Hardware

El fallo de hardware, como discos dañados, puede provocar la pérdida de datos en almacenamiento local. Para mitigar riesgos, mantener backups completos en ubicaciones distintas, como servidores dedicados o almacenamiento en la nube.

Restaurar un backup completo en MySQL:

bash

```bash
mysql -u root -p my_database < my_database_full_backup.sql
```

Para bases de datos más grandes, considerar replicación en tiempo real para minimizar la pérdida de datos:

sql

```
CHANGE MASTER TO MASTER_HOST='192.168.1.100',
MASTER_USER='replica_user',
MASTER_PASSWORD='securepassword',
MASTER_LOG_FILE='mysql-bin.000001',
MASTER_LOG_POS=120;

START SLAVE;
```

Recuperación tras Error Humano

Errores humanos, como eliminaciones accidentales, pueden revertirse usando backups y logs de transacción. Para restaurar una tabla eliminada en SQL Server:

Restaurar el backup completo en una base temporal.
Exportar la tabla perdida e importarla de nuevo a la base original:

sql

```
RESTORE DATABASE temp_db

FROM DISK = 'C:\backups\my_database_full.bak'

WITH MOVE 'MyDatabase_Data' TO 'C:\temp\temp_db.mdf',

MOVE 'MyDatabase_Log' TO 'C:\temp\temp_db.ldf';


SELECT * INTO original_table FROM
temp_db.dbo.original_table;
```

Recuperación tras Corrupción de Datos

La corrupción de datos puede ser causada por errores del software o fallas de energía. Herramientas nativas como CHECKDB en SQL Server ayudan a identificar y corregir problemas:

sql

```
DBCC CHECKDB ('my_database') WITH ALL_ERRORMSGS,
NO_INFOMSGS;
```

Si no puede corregirse, restaurar el backup más reciente:

sql

```
RESTORE DATABASE my_database
FROM DISK = 'C:\backups\my_database_full.bak'
WITH NORECOVERY;
```

Recuperación tras Ataque Cibernético

Los ataques cibernéticos, como ransomware, requieren una estrategia robusta de recuperación. Mantener backups offline y protegidos garantiza la capacidad de restaurar los datos sin pagar rescates.

Aislar el sistema infectado e iniciar la restauración desde un backup limpio:

bash

```
mysql -u root -p new_database < clean_backup.sql
```

Configurar políticas de acceso restringido y autenticación multifactor ayuda a prevenir futuros ataques.

Demostraciones con Herramientas Populares

Las herramientas modernas simplifican la gestión de backups y recuperaciones, proporcionando interfaces amigables y automatización.

pgAdmin para PostgreSQL

En pgAdmin, configurar backups completos e incrementales es sencillo.
Para crear un backup:

- Acceder al menú contextual de la base de datos y elegir "Backup".

- Configurar el tipo de backup (Completo, Incremental o Diferencial).

- Guardar el archivo en un lugar seguro.
  Para restaurar un backup:

- Elegir "Restore" en el menú contextual.

- Seleccionar el archivo de backup y configurar las opciones de restauración.

SQL Server Management Studio (SSMS)

SSMS ofrece un asistente intuitivo para crear backups y restaurar bases de datos. En el panel "Tasks", elegir "Back Up" o "Restore Database" y seguir las instrucciones.

AWS Backup

AWS proporciona automatización para backups de bases RDS. Configurar un plan de backup diario:

- Acceder al panel de RDS y habilitar la retención de backups.

- Configurar un horario para los backups automáticos. Para restaurar, elegir "Restore Snapshot" en el panel y seleccionar el punto de recuperación deseado.

Prácticas recomendadas para backup y recuperación

- **Probar los backups regularmente**: Restaurar backups periódicamente garantiza que los datos sean recuperables y consistentes.

- **Automatización**: Configurar cronogramas de backup reduce la dependencia de procesos manuales y minimiza errores humanos.

- **Rotación de backups**: Implementar políticas de retención, como "abuelo-padre-hijo", equilibra el uso de almacenamiento y la necesidad de recuperación.

- **Cifrado**: Proteger los backups con cifrado evita accesos no autorizados.

- **Documentación**: Mantener un plan claro y detallado de recuperación asegura una respuesta rápida ante incidentes.

Las copias de seguridad son la línea de defensa más confiable contra la pérdida de datos, mientras que las estrategias eficaces de recuperación aseguran la continuidad del negocio. Con práctica y uso de herramientas modernas, la gestión de backups se convierte en una operación eficiente y esencial para la protección de datos.

CAPÍTULO 13. OPTIMIZACIÓN DE CONSULTAS PARA MEJOR DESEMPEÑO

La optimización de consultas es un aspecto fundamental en la gestión de bases de datos, garantizando eficiencia en la recuperación de información y minimizando el impacto en el rendimiento general del sistema. Con el aumento exponencial de datos en aplicaciones modernas, las consultas SQL optimizadas son esenciales para evitar cuellos de botella y satisfacer las demandas de sistemas de alto rendimiento.

El Papel de los Índices en el Desempeño de SQL

Los índices son estructuras que mejoran significativamente la velocidad de las operaciones de consulta en bases de datos. Funcionan como índices en un libro, permitiendo localizar información rápidamente sin necesidad de recorrer todos los registros.

Tipos de Índices y Cuándo Utilizarlos

Índice estándar (B-Tree): Es el tipo de índice más común, utilizado para búsquedas basadas en igualdad o rangos. Ideal para columnas usadas frecuentemente en filtros y uniones.

sql

```
CREATE INDEX idx_employee_name ON employees (last_name);
```

Este índice acelera consultas que filtran u ordenan registros por la columna last_name.

Índice único: Garantiza que los valores en una columna sean únicos, mejorando la integridad de los datos.

sql

```
CREATE UNIQUE INDEX idx_email ON customers (email);
```

Lo índice evita duplicaciones en la columna email.

Índice de texto completo: Se utiliza para búsquedas de texto en columnas grandes, como descripciones o documentos.

sql

```
CREATE FULLTEXT INDEX idx_description ON products
(description);
```

Este índice mejora las búsquedas por palabras clave en campos de texto extensos.

Índice compuesto: Contiene más de una columna, útil para consultas que combinan filtros en varias columnas.

sql

```
CREATE INDEX idx_multi_col ON orders (customer_id,
order_date);
```

Lo índice beneficia consultas que filtran por customer_id y ordenan por order_date.

Cuándo Evitar Índices

Aunque los índices mejoran el rendimiento de las consultas, aumentan el tiempo de escritura y consumen espacio adicional. Es importante evitar crear índices en columnas raramente usadas en filtros o con alta cardinalidad (valores altamente repetidos) para evitar sobrecarga.

Identificación de Cuellos de Botella y Soluciones Prácticas

Antes de optimizar consultas, es fundamental identificar los cuellos de botella en el rendimiento. Las herramientas de análisis de consultas proporcionan información sobre cómo interactúan las consultas con la base de datos y dónde ocurren los retrasos.

Uso de EXPLAIN

El comando EXPLAIN o EXPLAIN PLAN detalla cómo la base de datos ejecuta una consulta, identificando el uso de índices y el costo relativo de las operaciones.

sql

```
EXPLAIN SELECT * FROM employees WHERE department_id = 10;
```

Los resultados muestran cómo se accede a la tabla (escaneo completo o uso de índice), permitiendo ajustes en la consulta o en la estructura de la base.

Reducción de Escaneos Completos

Los escaneos completos de tabla (full table scans) ocurren cuando la base de datos analiza todos los registros para encontrar los resultados deseados. Se pueden minimizar con la creación de índices adecuados o ajustes en las condiciones WHERE.

Consulta ineficiente:

sql

```
SELECT * FROM employees WHERE LOWER(last_name) = 'smith';
```

Esta consulta fuerza un escaneo completo, ya que el uso de la función LOWER impide aprovechar los índices. Para resolverlo:

sql

```sql
SELECT * FROM employees WHERE last_name = 'Smith';
```

O ajustar el índice para soportar búsquedas insensibles a mayúsculas/minúsculas:

sql

```sql
CREATE INDEX idx_lower_last_name ON employees
((LOWER(last_name)));
```

Evitar Consultas no Selectivas

Consultas que devuelven una gran proporción de registros vuelven los índices menos efectivos. Filtrar por columnas más selectivas reduce el volumen de datos procesados.

Consulta ineficiente:

sql

```sql
SELECT * FROM employees WHERE is_active = 1;
```

Si la mayoría de los registros tienen is_active = 1, el índice será menos útil. Mejorar la selectividad combinando filtros:

sql

```sql
SELECT * FROM employees WHERE is_active = 1 AND
department_id = 10;
```

División de Consultas Complejas

Consultas complejas con múltiples uniones o subconsultas pueden dividirse en etapas más pequeñas para mejorar la claridad y el rendimiento.

Consulta compleja:

sql

```
SELECT e.name, d.department_name, SUM(s.salary) AS
total_salary
FROM employees e
JOIN departments d ON e.department_id = d.department_id
JOIN salaries s ON e.employee_id = s.employee_id
WHERE d.location = 'New York'
GROUP BY e.name, d.department_name;
```

Dividir en etapas:

Crear una consulta intermedia para calcular los salarios:

sql

```
CREATE TEMPORARY TABLE temp_salaries AS
SELECT employee_id, SUM(salary) AS total_salary
FROM salaries
GROUP BY employee_id;
```

Usar la tabla temporal en la consulta principal:

sql

```
SELECT e.name, d.department_name, ts.total_salary
FROM employees e
JOIN departments d ON e.department_id = d.department_id
```

```sql
JOIN temp_salaries ts ON e.employee_id = ts.employee_id
WHERE d.location = 'New York';
```

Esta estrategia mejora la reutilización de resultados intermedios.

Ejemplos de optimización de Queries

Consulta Básica Optimizada

Para listar todos los clientes con pedidos superiores a $1000, garantizando que los índices sean utilizados:

sql

```sql
CREATE INDEX idx_order_amount ON orders (total_amount);
```

```sql
SELECT c.name, o.total_amount
FROM customers c
JOIN orders o ON c.customer_id = o.customer_id
WHERE o.total_amount > 1000;
```

El índice en la columna total_amount acelera la recuperación de registros relevantes.

Consulta con Agregación Optimizada

Para calcular el promedio de salarios por departamento:

Consulta inicial:

sql

```sql
SELECT department_id, AVG(salary)
FROM employees
GROUP BY department_id;
```

Optimización con índice:

sql

```
CREATE INDEX idx_department_salary ON employees
(department_id, salary);


SELECT department_id, AVG(salary)
FROM employees
GROUP BY department_id;
```

El índice compuesto acelera tanto el agrupamiento como el cálculo del promedio.

Consulta con Unión y Filtrado

Para listar los productos más vendidos por categoría:

Consulta inicial:

sql

```
SELECT p.category, p.product_name, SUM(o.quantity) AS
total_sold
FROM products p
JOIN order_details o ON p.product_id = o.product_id
GROUP BY p.category, p.product_name
ORDER BY total_sold DESC;
```

Optimización:

Crear índices para soportar la unión y el filtrado:

sql

```sql
CREATE INDEX idx_product_id ON products (product_id);
CREATE INDEX idx_order_details_product ON order_details (product_id, quantity);
```

Refinar la consulta:

sql

```sql
SELECT p.category, p.product_name, SUM(o.quantity) AS total_sold
FROM products p
JOIN order_details o ON p.product_id = o.product_id
WHERE o.quantity > 0
GROUP BY p.category, p.product_name
ORDER BY total_sold DESC;
```

La adición de índices y la eliminación de registros irrelevantes hacen la consulta más eficiente.

Consulta con Partición

En bases de datos grandes, la partición de tablas mejora el rendimiento al dividir los datos en segmentos más pequeños. Para una tabla de ventas particionada por año:

Crear la tabla particionada:

sql

```sql
CREATE TABLE sales (
    sale_id INT,
    sale_date DATE,
    amount DECIMAL(10, 2)
```

```
)
PARTITION BY RANGE (YEAR(sale_date)) (
    PARTITION p2022 VALUES LESS THAN (2023),
    PARTITION p2023 VALUES LESS THAN (2024)
);
```

Consulta optimizada para datos de 2023:

sql

```
SELECT SUM(amount) AS total_revenue
FROM sales
WHERE sale_date BETWEEN '2023-01-01' AND '2023-12-31';
```

La Partición Reduce el Volumen de Datos Analizados

Optimizar consultas es una práctica esencial para mantener la eficiencia de bases de datos en cualquier escala. Desde la creación de índices apropiados hasta la división de consultas complejas, cada técnica contribuye a mejorar el rendimiento. Con el uso combinado de herramientas de análisis y buenas prácticas de diseño, es posible maximizar la velocidad y confiabilidad de las operaciones SQL en entornos modernos y exigentes.

CAPÍTULO 14. SQL EN ENTORNOS MULTIPLATAFORMA

SQL desempeña un papel central en el desarrollo de aplicaciones web y móviles, siendo la principal herramienta para gestionar y manipular datos en sistemas dinámicos. Integrar SQL con APIs y frameworks populares, como Django y Node.js, permite crear soluciones robustas y escalables. Este capítulo explora cómo SQL se adapta a entornos multiplataforma, abordando su aplicación en diferentes escenarios y presentando prácticas recomendadas para desarrolladores.

Uso de SQL en Aplicaciones Web y Móviles

En aplicaciones modernas, SQL se utiliza para almacenar, recuperar y procesar datos que respaldan funcionalidades dinámicas. Ya sea para autenticación de usuarios, visualización de productos o procesamiento de pagos, SQL actúa como el puente entre la aplicación y la base de datos.

Arquitectura de Aplicaciones Basadas en SQL

En una arquitectura típica de aplicación, SQL se implementa en el backend para interactuar con la base de datos. El frontend (interfaz de usuario) envía solicitudes HTTP al servidor, que procesa estas solicitudes y utiliza SQL para consultar o manipular datos.

Estructura básica:

- Frontend: Aplicaciones web o móviles construidas con tecnologías como React, Angular o Swift.

- Backend: Frameworks como Django (Python), Express (Node.js) o Flask gestionan las solicitudes y se conectan a la base de datos.

- Base de Datos: MySQL, PostgreSQL o SQLite para almacenar los datos.

Base de Datos Local vs. Remota

Las aplicaciones móviles frecuentemente utilizan bases de datos locales, como SQLite, para almacenamiento offline y sincronización posterior con una base remota.

Para crear una tabla en una base de datos SQLite en una aplicación móvil:

sql

```
CREATE TABLE users (
    id INTEGER PRIMARY KEY AUTOINCREMENT,
    name TEXT NOT NULL,
    email TEXT UNIQUE NOT NULL,
    password TEXT NOT NULL
);
```

Al sincronizar los datos con una base remota, se usan APIs REST o GraphQL para enviar y recibir información. La API ejecuta las operaciones SQL necesarias para garantizar la consistencia entre los datos locales y remotos.

Ejemplos de Integración con APIs y Frameworks

La integración de SQL con frameworks de desarrollo es una práctica común para construir APIs y servicios backend que interactúan directamente con bases de datos.

Integración con Django

Django es un framework web en Python que utiliza el ORM (Object-Relational Mapping) para interactuar con bases de datos. Aunque el ORM abstrae la necesidad de escribir SQL directamente, es posible ejecutar consultas SQL personalizadas para necesidades específicas.

Crear un modelo en Django para gestionar productos:

python

```
from django.db import models


class Product(models.Model):
    name = models.CharField(max_length=100)
    price = models.DecimalField(max_digits=10,
decimal_places=2)
    stock = models.IntegerField()
```

Agregar un registro usando el ORM:

python

```
Product.objects.create(name="Laptop", price=1500.00,
stock=10)
```

Ejecutar una consulta SQL personalizada:

python

```
from django.db import connection


def get_products_below_price(price):
```

```python
with connection.cursor() as cursor:
    cursor.execute("SELECT * FROM product WHERE price < %s", [price])
    return cursor.fetchall()
```

Integración con Node.js

Node.js es ampliamente utilizado para construir APIs RESTful que interactúan con bases de datos SQL. La biblioteca mysql2 permite ejecutar consultas SQL directamente en Node.js.

Conectarse a una base de datos MySQL y crear una tabla:

javascript

```javascript
const mysql = require('mysql2');

const connection = mysql.createConnection({
    host: 'localhost',
    user: 'root',
    password: 'password',
    database: 'ecommerce'
});

connection.query(`
    CREATE TABLE users (
        id INT AUTO_INCREMENT PRIMARY KEY,
        name VARCHAR(100),
        email VARCHAR(100) UNIQUE,
        password VARCHAR(100)
```

```
  )
`, (err, results) => {
    if (err) throw err;
    console.log("Table created:", results);
});
```

Insertar datos y recuperarlos con una API REST:

javascript

```javascript
const express = require('express');
const app = express();

app.use(express.json());

app.post('/users', (req, res) => {
    const { name, email, password } = req.body;
    connection.query(
        "INSERT INTO users (name, email, password) VALUES (?, ?, ?)",
        [name, email, password],
        (err, results) => {
            if (err) return res.status(500).send(err);
            res.status(201).send({ id: results.insertId });
        }
    );
});
```

```javascript
app.get('/users', (req, res) => {
    connection.query("SELECT * FROM users", (err, results) => {
        if (err) return res.status(500).send(err);
        res.status(200).json(results);
    });
});


app.listen(3000, () => console.log("Server running on port 3000"));
```

Integración con APIs

APIs RESTful o GraphQL conectan aplicaciones web y móviles a bases de datos, proporcionando una capa intermedia que ejecuta operaciones SQL.

Definir un endpoint en Flask para consultar productos por categoría:

python

```python
from flask import Flask, request, jsonify
import sqlite3


app = Flask(__name__)


@app.route('/products', methods=['GET'])
def get_products():
    category = request.args.get('category')
```

```python
    connection = sqlite3.connect('ecommerce.db')

    cursor = connection.cursor()

    cursor.execute("SELECT * FROM products WHERE category
= ?", (category,))

    products = cursor.fetchall()

    connection.close()

    return jsonify(products)


if __name__ == '__main__':
    app.run(debug=True)
```

Prácticas Recomendadas para Desarrolladores

La implementación eficaz de SQL en entornos multiplataforma exige atención a prácticas que optimicen el rendimiento, garanticen la seguridad y mejoren la escalabilidad.

Evitar SQL Injection

Las inyecciones de SQL son una de las vulnerabilidades más comunes y peligrosas. Utilizar consultas parametrizadas previene la ejecución de comandos maliciosos.

Consulta vulnerable:

javascript

```javascript
connection.query(`SELECT * FROM users WHERE email = '${email}' AND password = '${password}'`, (err, results) => {
    // ...
});
```

Consulta segura:

javascript

```
connection.query("SELECT * FROM users WHERE email = ? AND
password = ?", [email, password], (err, results) => {
  // ...
});
```

Implementar Validación de Datos

La validación rigurosa en el lado del servidor reduce el riesgo de insertar datos incorrectos o peligrosos en la base.

Ejemplo en Django:

python

```
from django.core.validators import EmailValidator


class UserForm(forms.Form):
    email = forms.EmailField(validators=[EmailValidator()])
    password = forms.CharField(max_length=100,
widget=forms.PasswordInput)
```

Optimizar Consultas

Consultas mal diseñadas pueden impactar significativamente el rendimiento. Indexar columnas frecuentemente usadas en filtros o uniones es esencial.

Crear índices para optimizar consultas en una tabla de pedidos:

sql

```
CREATE INDEX idx_order_date ON orders (order_date);
CREATE INDEX idx_customer_id ON orders (customer_id);
```

Gestionar Conexiones

Mantener conexiones abiertas innecesariamente puede llevar a la sobrecarga de la base. Usar pools de conexiones gestiona los recursos de forma eficiente.

Configurar un pool en Node.js:

javascript

```javascript
const pool = mysql.createPool({
    host: 'localhost',
    user: 'root',
    password: 'password',
    database: 'ecommerce',
    waitForConnections: true,
    connectionLimit: 10
});


pool.query("SELECT * FROM users", (err, results) => {
    // ...
});
```

Escalabilidad Horizontal

Al manejar grandes volúmenes de datos, la replicación o particionamiento de la base mejora la escalabilidad.

Configurar replicación en MySQL:

sql

```sql
CHANGE MASTER TO MASTER_HOST='master_host',
```

```
MASTER_USER='replica_user',
MASTER_PASSWORD='password', MASTER_LOG_FILE='mysql-
bin.000001', MASTER_LOG_POS=4;
START SLAVE;
```

SQL es la base para la construcción de aplicaciones web y móviles modernas. Integrar consultas SQL con frameworks y APIs de forma segura y eficiente garantiza que los sistemas cumplan con los requisitos de rendimiento y escalabilidad. Las prácticas recomendadas, como la prevención de SQL injection y la optimización de consultas, son esenciales para el éxito de aplicaciones multiplataforma.

CAPÍTULO 15. DATOS TEMPORALES E HISTÓRICOS

La manipulación de datos temporales e históricos es una habilidad esencial para realizar análisis detallados, prever tendencias y comprender cambios a lo largo del tiempo. Las bases de datos relacionales ofrecen soporte robusto para trabajar con información basada en fechas y horas, permitiendo construir consultas que extraen valor de esos datos. Este capítulo aborda consultas en tablas temporales, análisis de datos históricos y ejemplos prácticos para identificar e interpretar tendencias con SQL.

Consultas en Tablas Temporales

Las tablas temporales se usan para almacenar datos asociados a períodos de tiempo. Estas tablas pueden particionarse por intervalos de tiempo o configurarse para registrar cambios históricos automáticamente.

Estructuración de tablas temporales
Una tabla temporal puede incluir columnas para registrar información como la fecha de creación o modificación de los datos. Por ejemplo, una tabla para rastrear pedidos puede crearse con columnas que registren el momento en que se creó y actualizó el pedido:

sql

```
CREATE TABLE orders (
    order_id INT PRIMARY KEY,
    customer_id INT,
```

```
    total_amount DECIMAL(10, 2),
    created_at TIMESTAMP DEFAULT CURRENT_TIMESTAMP,
    updated_at TIMESTAMP DEFAULT CURRENT_TIMESTAMP
ON UPDATE CURRENT_TIMESTAMP
);
```

En esta tabla, las columnas created_at y updated_at se llenan automáticamente, asegurando que el historial de pedidos se mantenga.

Consultas basadas en intervalos de tiempo
Para recuperar pedidos realizados en los últimos 30 días:

sql

```
SELECT order_id, customer_id, total_amount, created_at
FROM orders
WHERE created_at >= NOW() - INTERVAL 30 DAY;
```

Para encontrar pedidos hechos en un mes específico, como enero de 2024:

sql

```
SELECT order_id, customer_id, total_amount
FROM orders
WHERE created_at BETWEEN '2024-01-01' AND '2024-01-31';
```

Filtrar registros por intervalos de tiempo facilita el análisis de patrones estacionales y eventos recurrentes.

Tablas Temporales con Soporte de Versiones

Las tablas temporales con soporte de versiones permiten

mantener un historial completo de los cambios en los datos, esencial para auditorías y análisis. En SQL Server, una tabla temporal puede configurarse así:

sql

```
CREATE TABLE employees (
    employee_id INT PRIMARY KEY,
    name NVARCHAR(100),
    position NVARCHAR(50),
    salary DECIMAL(10, 2),
    valid_from DATETIME2 GENERATED ALWAYS AS ROW START,
    valid_to DATETIME2 GENERATED ALWAYS AS ROW END,
    PERIOD FOR SYSTEM_TIME (valid_from, valid_to)
) WITH (SYSTEM_VERSIONING = ON);
```

Para consultar el historial completo de un empleado:

sql

```
SELECT employee_id, name, position, salary, valid_from, valid_to
FROM employees
FOR SYSTEM_TIME ALL
WHERE employee_id = 1;
```

Estas tablas son valiosas para rastrear cambios en estructuras organizacionales, contratos o políticas.

Análisis de Datos Históricos con SQL

Los datos históricos permiten identificar tendencias, prever resultados futuros y evaluar el impacto de eventos pasados. Operaciones de agregación, comparación y cálculos basados en tiempo son ampliamente usados para estos análisis.

Calcular tendencias a lo largo del tiempo
Para calcular las ventas mensuales en una tabla de pedidos:

sql

```sql
SELECT DATE_FORMAT(created_at, '%Y-%m') AS month,
SUM(total_amount) AS monthly_sales

FROM orders

GROUP BY DATE_FORMAT(created_at, '%Y-%m')

ORDER BY month;
```

Para comparar el rendimiento de ventas entre dos períodos consecutivos:

sql

```sql
SELECT
    DATE_FORMAT(created_at, '%Y-%m') AS month,

    SUM(total_amount) AS monthly_sales,

    LAG(SUM(total_amount)) OVER (ORDER
BY DATE_FORMAT(created_at, '%Y-%m')) AS
previous_month_sales,

    SUM(total_amount) - LAG(SUM(total_amount)) OVER
(ORDER BY DATE_FORMAT(created_at, '%Y-%m')) AS
sales_difference
FROM orders

GROUP BY DATE_FORMAT(created_at, '%Y-%m')

ORDER BY month;
```

El uso de la función LAG ayuda a calcular la diferencia entre períodos, identificando tendencias de crecimiento o declive.

Análisis de Ciclos de Vida

El análisis del ciclo de vida de los clientes es clave para evaluar retención y compromiso. Para calcular el tiempo promedio entre el primer y último pedido de cada cliente:

sql

```sql
SELECT customer_id,
    MIN(created_at) AS first_order,
    MAX(created_at) AS last_order,
    DATEDIFF(MAX(created_at), MIN(created_at)) AS lifetime_days
FROM orders
GROUP BY customer_id;
```

Esto brinda información sobre la duración del relacionamiento con los clientes.

Análisis de Ventanas de Tiempo

Las ventanas de tiempo permiten cálculos móviles, como promedios móviles, acumulados y clasificaciones. Para calcular la facturación acumulada a lo largo del tiempo:

sql

```sql
SELECT created_at, total_amount,
    SUM(total_amount) OVER (ORDER BY created_at) AS cumulative_sales
FROM orders
```

```sql
ORDER BY created_at;
```

Identificación de picos y anomalías
Para identificar los días con mayor volumen de pedidos:

sql

```sql
SELECT DATE(created_at) AS order_date, COUNT(*) AS
total_orders
FROM orders
GROUP BY DATE(created_at)
ORDER BY total_orders DESC
LIMIT 10;
```

Analizar picos de actividad ayuda a entender patrones de demanda y asignar recursos eficientemente.

Ejemplos prácticos para Análisis de Tendencias

Análisis de Ventas por Región:

sql

```sql
SELECT region, DATE_FORMAT(created_at, '%Y-%m') AS month,
SUM(total_amount) AS total_sales
FROM orders
GROUP BY region, DATE_FORMAT(created_at, '%Y-%m')
ORDER BY region, month;
```

Previsión de demanda:

sql

```sql
SELECT DATE_FORMAT(created_at, '%Y-%m') AS month,
    SUM(total_amount) AS monthly_sales,
    AVG(SUM(total_amount)) OVER (ORDER BY
DATE_FORMAT(created_at, '%Y-%m') ROWS BETWEEN 2
PRECEDING AND CURRENT ROW) AS moving_average
FROM orders
GROUP BY DATE_FORMAT(created_at, '%Y-%m')
ORDER BY month;
```

Seguimiento de cambios en precios:

sql

```sql
SELECT product_id, price, valid_from, valid_to
FROM products
FOR SYSTEM_TIME ALL
WHERE product_id = 101;
```

Análisis de churn de clientes:

sql

```sql
SELECT customer_id, MAX(created_at) AS last_order_date
FROM orders
GROUP BY customer_id
HAVING MAX(created_at) < NOW() - INTERVAL 6 MONTH;
```

Prácticas Recomendadas para Trabajar con Datos Temporales e Históricos

- Almacenar datos con precisión usando tipos TIMESTAMP o DATETIME.

- Mantener la integridad de los datos históricos evitando sobrescribir registros.

- Indexar columnas de fecha para mejorar el rendimiento de las consultas:

sql
```
CREATE INDEX idx_created_at ON orders (created_at);
```

- Gestionar particiones:

sql
```
ALTER TABLE orders PARTITION BY RANGE (YEAR(created_at))
(
    PARTITION p2023 VALUES LESS THAN (2024),
    PARTITION p2024 VALUES LESS THAN (2025)
);
```

- Cumplir con auditorías manteniendo históricos completos y accesibles.

SQL proporciona herramientas poderosas para trabajar con datos temporales e históricos, permitiendo análisis detallados e insights valiosos. La práctica constante y la aplicación de buenas prácticas aseguran que los análisis sean precisos, rápidos e impactantes en cualquier escenario.

CAPÍTULO 16. PROCESAMIENTO DE BIG DATA CON SQL

SQL ha evolucionado significativamente a lo largo de los años para satisfacer las demandas de análisis y manipulación de grandes volúmenes de datos. Herramientas como Hive y Spark SQL, que integran SQL en el ecosistema de Big Data, permiten procesar y analizar datos masivos de manera escalable y eficiente. Este capítulo aborda el papel de SQL en el contexto de Big Data, las diferencias con respecto al SQL convencional y presenta casos prácticos de análisis de grandes volúmenes de datos.

SQL en el Contexto de Plataformas como Hive y Spark SQL

SQL sigue siendo el lenguaje preferido para la manipulación de datos en plataformas de Big Data debido a su simplicidad y expresividad. Sin embargo, su aplicación en entornos de gran escala requiere adaptaciones e integraciones específicas.

Apache Hive

Apache Hive es una plataforma basada en Hadoop que ofrece una interfaz SQL para consultas en datos almacenados en HDFS (Hadoop Distributed File System). Es ampliamente utilizado para tareas ETL (extracción, transformación y carga) e informes en entornos de Big Data.

Crear una tabla en Hive para almacenar datos de ventas:

sql

```
CREATE TABLE sales (
```

```
    sale_id BIGINT,
    product_id BIGINT,
    quantity INT,
    price DECIMAL(10, 2),
    sale_date STRING
)
STORED AS PARQUET;
```

La tabla creada utiliza el formato Parquet, ideal para procesamiento a gran escala debido a su eficiencia de compresión y lectura.

Cargar datos en la tabla:

sql

```sql
LOAD DATA INPATH '/data/sales_data.csv' INTO TABLE sales;
```

Ejecutar una consulta para calcular los ingresos totales por producto:

sql

```sql
SELECT product_id, SUM(quantity * price) AS total_revenue
FROM sales
GROUP BY product_id;
```

Hive convierte esta consulta SQL en tareas MapReduce o Tez, que procesan los datos en paralelo en el clúster Hadoop.

Apache Spark SQL

Spark SQL es un módulo de Apache Spark que permite ejecutar

consultas SQL en datos almacenados en diferentes formatos como JSON, Parquet u ORC. Soporta operaciones interactivas y ofrece un rendimiento superior a Hive gracias a su motor de ejecución basado en memoria.

Definir un DataFrame en Spark SQL y registrarlo como tabla temporal:

python

```
from pyspark.sql import SparkSession


spark = SparkSession.builder.appName("Big Data SQL").getOrCreate()


df = spark.read.parquet("/data/sales_data.parquet")
df.createOrReplaceTempView("sales")
```

Ejecutar una consulta SQL para calcular los ingresos totales por mes:

python

```
monthly_revenue = spark.sql("""
    SELECT MONTH(sale_date) AS sale_month, SUM(quantity * price) AS total_revenue
    FROM sales
    GROUP BY MONTH(sale_date)
    ORDER BY sale_month
""")

monthly_revenue.show()
```

Spark SQL optimiza automáticamente la consulta usando Catalyst Optimizer, garantizando alto rendimiento.

Diferencias entre SQL Convencional y SQL para Big Data

SQL aplicado al Big Data presenta diferencias importantes con respecto al SQL tradicional usado en bases de datos relacionales.

Escalabilidad

Mientras el SQL convencional está diseñado para bases de datos que operan en servidores únicos, el SQL para Big Data está optimizado para procesar petabytes de datos distribuidos en clústeres. Herramientas como Hive y Spark SQL usan estrategias de procesamiento paralelo para manejar grandes volúmenes de información.

Soporte a Formatos de Datos Diversos

En Big Data, los datos pueden estar en formatos como JSON, Avro, ORC, Parquet o CSV. El SQL tradicional generalmente soporta solo formatos tabulares, mientras que el SQL para Big Data ofrece soporte nativo a una amplia gama de formatos.

Latencia

El SQL convencional está diseñado para ofrecer respuestas rápidas, mientras que el SQL para Big Data prioriza el procesamiento por lotes, lo que puede resultar en mayor latencia. Sin embargo, herramientas como Spark SQL combinan procesamiento por lotes e interactivo para atender diversas necesidades.

Concepto de Esquemas

Las bases de datos relacionales exigen esquemas fijos y bien definidos, mientras que el SQL para Big Data puede operar con esquemas dinámicos o ser "schema-on-read", donde el esquema se aplica al momento de leer los datos.

Operaciones Específicas

El SQL para Big Data soporta operaciones específicas como particionamiento, compresión y paralelización que no son necesarias en bases de datos relacionales. Por ejemplo, en Hive, las tablas pueden particionarse por columnas:

sql

```
CREATE TABLE sales_partitioned (
    sale_id BIGINT,
    product_id BIGINT,
    quantity INT,
    price DECIMAL(10, 2)
)
PARTITIONED BY (sale_date STRING)
STORED AS PARQUET;
```

Este particionamiento mejora significativamente el rendimiento de consultas que filtran por sale_date.

Casos prácticos de Análisis de
Grandes Volúmenes de Datos

Análisis de ventas a gran escala:

sql

```
SELECT region, SUM(quantity * price) AS total_revenue
FROM sales
GROUP BY region
ORDER BY total_revenue DESC;
```

Usar Hive para particionar los datos por región reduce el volumen de datos procesados:

sql

```sql
CREATE TABLE sales_by_region (
    sale_id BIGINT,
    product_id BIGINT,
    quantity INT,
    price DECIMAL(10, 2)
)
PARTITIONED BY (region STRING)
STORED AS ORC;
```

Detección de anomalías en transacciones:

python

```python
anomaly_detection = spark.sql("""
    SELECT product_id, AVG(quantity) AS avg_quantity,
STDDEV(quantity) AS stddev_quantity
    FROM sales
    GROUP BY product_id
    HAVING STDDEV(quantity) > 2 * AVG(quantity)
""")
anomaly_detection.show()
```

Este análisis ayuda a identificar patrones inusuales que pueden indicar problemas u oportunidades.

Previsión de demanda con datos históricos:

sql

```sql
SELECT product_id, YEAR(sale_date) AS sale_year,
MONTH(sale_date) AS sale_month,
    SUM(quantity) AS total_quantity
FROM sales
GROUP BY product_id, YEAR(sale_date), MONTH(sale_date)
ORDER BY product_id, sale_year, sale_month;
```

Los resultados se exportan a herramientas de machine learning para entrenar modelos predictivos.

Análisis de registros de eventos:

python

```python
logs = spark.read.json("/data/event_logs.json")
logs.createOrReplaceTempView("event_logs")

error_events = spark.sql("""
    SELECT event_type, COUNT(*) AS occurrences
    FROM event_logs
    WHERE event_type = 'ERROR'
    GROUP BY event_type
""")
error_events.show()
```

Este análisis ayuda a identificar y solucionar problemas de rendimiento o errores en sistemas complejos.

Prácticas Recomendadas para SQL en Big Data

- Usar particionamiento y compresión: particionar tablas mejora la eficiencia de consultas, mientras que comprimir los datos reduce almacenamiento y acelera lectura.

```sql
CREATE TABLE sales_partitioned_compacted
STORED AS PARQUET
PARTITIONED BY (region STRING)
TBLPROPERTIES ('parquet.compression'='SNAPPY');
```

- Optimizar esquemas de datos: elegir el formato correcto, como Parquet u ORC, mejora el rendimiento en consultas de lectura.

- Aprovechar recursos de paralelización: configurar el número adecuado de nodos y tareas paralelas maximiza el uso del clúster.

- Monitorear y ajustar consultas: herramientas como Tez o Spark UI ayudan a identificar cuellos de botella y optimizar la ejecución.

- Automatizar pipelines de datos: integrar SQL con herramientas como Apache Airflow permite gestionar flujos de trabajo de datos complejos.

SQL adaptado para Big Data permite manejar volúmenes de datos antes considerados intratables, proporcionando insights valiosos para empresas y organizaciones. Combinado con buenas prácticas y herramientas modernas, se convierte en una herramienta poderosa para análisis avanzados y procesamiento escalable.

CAPÍTULO 17. GESTIÓN DE DATOS GEOESPACIALES

El análisis y la gestión de datos geoespaciales se están volviendo indispensables en varias industrias, incluidas logística, planificación urbana, marketing y ciencia ambiental. Las bases de datos modernas ofrecen soporte para datos espaciales, permitiendo consultas eficientes sobre ubicación y relaciones espaciales. Este capítulo aborda los conceptos de SQL aplicados a datos geoespaciales, ejemplos prácticos de consultas relacionadas con mapas y localización, y herramientas para la visualización de los resultados.

Conceptos de SQL para Datos Espaciales

Los datos geoespaciales representan información sobre la ubicación y la forma de objetos en el mundo real. Pueden incluir puntos (coordenadas), líneas (rutas) y polígonos (áreas). El soporte a datos geoespaciales en SQL se implementa mediante extensiones como PostGIS en PostgreSQL, Spatial Extensions en MySQL y Spatial Data Types en SQL Server.

Tipos de Datos Espaciales

Las bases de datos que soportan datos espaciales ofrecen tipos específicos para almacenar esta información:

- POINT: Representa una ubicación única usando coordenadas, como latitud y longitud.

- LINESTRING: Representa una línea o ruta compuesta por una secuencia de puntos.

- POLYGON: Representa un área cerrada definida por una secuencia de puntos conectados.

Crear una tabla con datos espaciales en PostGIS:

sql

```
CREATE TABLE locations (
    id SERIAL PRIMARY KEY,
    name VARCHAR(100),
    geom GEOMETRY(Point, 4326) -- 4326 es el código EPSG para coordenadas geográficas (WGS 84)
);
```

Insertar un punto que representa una ubicación específica:

sql

```
INSERT INTO locations (name, geom)
VALUES ('Central Park', ST_SetSRID(ST_MakePoint(-73.9654, 40.7829), 4326));
```

Operaciones Espaciales Básicas

Las funciones espaciales permiten realizar operaciones como calcular distancias, determinar intersecciones y verificar relaciones espaciales.

Calcular la distancia entre dos puntos:

sql

```
SELECT ST_Distance(
    ST_SetSRID(ST_MakePoint(-73.9654, 40.7829), 4326),
```

```
ST_SetSRID(ST_MakePoint(-74.0060, 40.7128), 4326)
) AS distance;
```

La consulta calcula la distancia entre Central Park y el centro de Nueva York en grados geográficos.

Verificar si un punto está dentro de un polígono:

sql

```
SELECT ST_Within(
    ST_SetSRID(ST_MakePoint(-73.9654, 40.7829), 4326),
    ST_GeomFromText('POLYGON((-74.0 40.7, -73.9 40.7, -73.9 40.8, -74.0 40.8, -74.0 40.7))', 4326)
) AS is_within;
```

Esta consulta devuelve TRUE si el punto está dentro del polígono definido.

Índices Espaciales

Los índices espaciales mejoran significativamente el rendimiento de las consultas geoespaciales al reducir el número de comparaciones realizadas. En PostgreSQL con PostGIS, crear un índice espacial para la tabla locations:

sql

```
CREATE INDEX idx_locations_geom ON locations USING GIST (geom);
```

Este índice permite ejecutar consultas espaciales, como proximidad, de manera eficiente.

Ejemplos de Consultas para Mapas y Localización

Las consultas geoespaciales se usan para resolver problemas del mundo real, como encontrar lugares cercanos, calcular rutas y analizar áreas geográficas.

Encontrar Lugares Cercanos

Para listar lugares en un radio de 5 km de una coordenada específica:

sql

```
SELECT name
FROM locations
WHERE ST_DWithin(
    geom,
    ST_SetSRID(ST_MakePoint(-73.9654, 40.7829), 4326),
    5000 / 111.32 -- Conversión de km a grados (aproximado)
);
```

Identificar la Ubicación más Cercana

Para encontrar el lugar más cercano a una coordenada:

sql

```
SELECT name, ST_Distance(geom,
ST_SetSRID(ST_MakePoint(-73.9654, 40.7829), 4326)) AS
distance
FROM locations
ORDER BY distance
LIMIT 1;
```

Calcular Áreas de Polígonos

Para calcular el área de un polígono en metros cuadrados:

sql

```
SELECT ST_Area(ST_Transform(geom, 3857)) AS area_m2
FROM regions
WHERE id = 1;
```

Crear Buffers Geoespaciales

Los buffers son áreas alrededor de puntos, líneas o polígonos que pueden usarse para análisis de proximidad. Para crear un buffer de 1 km alrededor de un punto:

sql

```
SELECT ST_Buffer(ST_Transform(geom, 3857), 1000) AS buffer_geom
FROM locations
WHERE id = 1;
```

Intersecciones de Áreas

Para identificar regiones que se superponen a un buffer:

sql

```
SELECT r.name
FROM regions r
JOIN locations l ON ST_Intersects(r.geom, ST_Buffer(l.geom, 0.01))
WHERE l.name = 'Central Park';
```

Herramientas Compatibles para Visualización de Resultados

Las consultas geoespaciales son más efectivas cuando los resultados pueden visualizarse. Las herramientas modernas se integran con bases de datos para mostrar mapas y datos espaciales.

QGIS

QGIS es un software de código abierto que permite visualizar datos espaciales almacenados en bases de datos como PostGIS.

- Abrir QGIS y crear una nueva conexión PostGIS.

- Configurar las credenciales de la base de datos y seleccionar las tablas deseadas.

- Añadir las capas al mapa para su visualización.

Leaflet

Leaflet es una biblioteca JavaScript para crear mapas interactivos en la web. Integrar Leaflet con datos geoespaciales de una base de datos:

javascript

```
var map = L.map('map').setView([40.7829, -73.9654], 13);


L.tileLayer('https://{s}.tile.openstreetmap.org/{z}/{x}/
{y}.png').addTo(map);


fetch('/api/locations')
  .then(response => response.json())
  .then(data => {
    data.forEach(location => {
```

```
L.marker([location.lat, location.lng]).addTo(map)
  .bindPopup(location.name);
});
});
```

Tableau

Tableau es una herramienta de visualización que soporta datos geoespaciales.

- Conectarse a la base de datos.

- Seleccionar tablas con columnas geoespaciales.

- Crear visualizaciones interactivas, como mapas de calor o marcadores.

Prácticas Recomendadas para Datos Geoespaciales

- Elegir el sistema de coordenadas correcto: usar sistemas adecuados como WGS 84 para datos globales o proyecciones métricas para cálculos precisos.

- Crear índices espaciales: siempre configurar índices espaciales para mejorar el rendimiento de las consultas.

- Normalizar datos geoespaciales: evitar redundancias al almacenar datos relacionados con ubicación.

- Validar geometrías: garantizar que los datos espaciales sean correctos usando funciones como ST_IsValid.

Gestionar datos geoespaciales con SQL permite realizar análisis avanzados y crear soluciones basadas en localización. El uso de herramientas de visualización y prácticas eficaces mejora la interpretación y la aplicación de estos datos en proyectos del mundo real.

CAPÍTULO 18. ESTUDIOS DE CASO: RESOLVIENDO PROBLEMAS CON SQL

SQL es una herramienta poderosa y versátil, ampliamente utilizada para resolver problemas complejos en diversas industrias. Este capítulo presenta estudios de caso que demuestran cómo SQL puede aplicarse para enfrentar desafíos en áreas como salud, finanzas y comercio. A través del análisis detallado de problemas reales, se destacan prácticas eficaces y lecciones que pueden aplicarse en el día a día de los profesionales que trabajan con datos.

Estudio de Caso 1: Monitoreo de Pacientes en Tiempo Real en Salud

Escenario:

Un hospital desea monitorear en tiempo real los signos vitales de pacientes internados en la UCI. Los datos de frecuencia cardíaca, presión arterial y niveles de oxígeno son recolectados por dispositivos conectados y almacenados en una tabla SQL.

Tabla de signos vitales:

sql

```
CREATE TABLE vital_signs (
    patient_id INT,
    record_time TIMESTAMP,
    heart_rate INT,
```

```sql
    blood_pressure VARCHAR(7),
    oxygen_level DECIMAL(5, 2)
);
```

Problema:

Los médicos necesitan un sistema que alerte cuando los signos vitales de un paciente superen límites críticos.

Solución con SQL:

Crear una consulta para identificar pacientes con signos vitales fuera de los límites normales:

sql

```sql
SELECT patient_id, record_time, heart_rate, blood_pressure, oxygen_level
FROM vital_signs
WHERE heart_rate NOT BETWEEN 60 AND 100
    OR blood_pressure NOT LIKE '120/80'
    OR oxygen_level < 95.0;
```

Para configurar alertas en tiempo real, se puede implementar un trigger:

sql

```sql
CREATE TRIGGER vital_signs_alert
AFTER INSERT ON vital_signs
FOR EACH ROW
BEGIN
    IF NEW.heart_rate < 60 OR NEW.heart_rate > 100 THEN
```

```
        SIGNAL SQLSTATE '45000' SET MESSAGE_TEXT = 'Heart
rate out of range';
    END IF;
    IF NEW.oxygen_level < 95.0 THEN
        SIGNAL SQLSTATE '45000' SET MESSAGE_TEXT = 'Oxygen
level critical';
    END IF;
END;
```

Lección:

El uso de SQL para monitorear datos en tiempo real es eficiente y reduce la necesidad de verificaciones manuales. La creación de triggers automatiza acciones y aumenta la seguridad en sistemas críticos.

Estudio de Caso 2: Detección de Fraudes en Transacciones Financieras

Escenario:

Un banco desea detectar transacciones sospechosas en tiempo real para prevenir fraudes. Transacciones que excedan $10,000 o se realicen en ubicaciones distantes de la localización habitual del cliente deben marcarse como sospechosas.

Tabla de transacciones:

sql

```sql
CREATE TABLE transactions (
    transaction_id INT PRIMARY KEY,
    customer_id INT,
    amount DECIMAL(10, 2),
```

```sql
location VARCHAR(100),
transaction_time TIMESTAMP
);
```

Problema:

Identificar rápidamente transacciones que cumplan con los criterios de sospecha.

Solución con SQL:

Consulta para identificar transacciones que exceden $10,000:

sql

```sql
SELECT transaction_id, customer_id, amount, location,
transaction_time
FROM transactions
WHERE amount > 10000;
```

Agregar un criterio para transacciones en ubicaciones atípicas:

sql

```sql
SELECT t.transaction_id, t.customer_id, t.amount, t.location,
t.transaction_time
FROM transactions t
JOIN customer_locations cl ON t.customer_id = cl.customer_id
WHERE t.amount > 10000
  OR ST_Distance(
    ST_SetSRID(ST_MakePoint(cl.longitude, cl.latitude), 4326),
    ST_SetSRID(ST_MakePoint(t.longitude, t.latitude), 4326)
```

```
) > 100;
```

Para automatizar el proceso, se puede crear una vista:

sql

```
CREATE VIEW suspicious_transactions AS
SELECT transaction_id, customer_id, amount, location,
transaction_time
FROM transactions
WHERE amount > 10000
    OR location NOT IN (SELECT habitual_location FROM
customer_profiles);
```

Lección:

La detección de fraudes con SQL es eficaz cuando se combina con criterios claros y la integración de datos adicionales, como localizaciones habituales.

Estudio de Caso 3: Optimización de Inventario en Comercio

Escenario:

Una cadena de supermercados quiere optimizar la gestión de inventarios, evitando tanto la falta como el exceso de productos. La información sobre ventas e inventarios se almacena en tablas separadas.

Tablas relevantes:

Tabla de ventas:

sql

```sql
CREATE TABLE sales (
    sale_id INT PRIMARY KEY,
    product_id INT,
    quantity INT,
    sale_date DATE
);
```

Tabla de inventarios:

sql

```sql
CREATE TABLE inventory (
    product_id INT PRIMARY KEY,
    stock_level INT,
    restock_threshold INT
);
```

Problema:

Identificar productos con inventario por debajo del nivel ideal y recomendar cantidades para reabastecimiento.

Solución con SQL:

Consulta para listar productos con necesidad de reabastecimiento:

sql

```sql
SELECT i.product_id, i.stock_level, i.restock_threshold,
(i.restock_threshold - i.stock_level) AS restock_quantity
FROM inventory i
WHERE i.stock_level < i.restock_threshold;
```

Para incluir datos de ventas recientes en el análisis:

sql

```
SELECT i.product_id, i.stock_level, i.restock_threshold,
SUM(s.quantity) AS recent_sales
FROM inventory i
LEFT JOIN sales s ON i.product_id = s.product_id
WHERE s.sale_date >= CURDATE() - INTERVAL 30 DAY
GROUP BY i.product_id
HAVING i.stock_level < i.restock_threshold;
```

Automatizar alertas de reabastecimiento con triggers:

sql

```
CREATE TRIGGER restock_alert
AFTER UPDATE ON inventory
FOR EACH ROW
BEGIN
    IF NEW.stock_level < NEW.restock_threshold THEN
        SIGNAL SQLSTATE '45000' SET MESSAGE_TEXT = 'Restock needed';
    END IF;
END;
```

Lección:

Combinar datos de inventario y ventas permite tomar decisiones más informadas. La automatización con triggers facilita la identificación proactiva de problemas en el inventario.

Estudio de Caso 4: Análisis de Tendencias de Ventas en E-commerce

Escenario:

Una empresa de e-commerce desea entender tendencias de ventas para ajustar estrategias de marketing y precios.

Tabla de ventas:

sql

```
CREATE TABLE ecom_sales (
    order_id INT PRIMARY KEY,
    product_id INT,
    category VARCHAR(50),
    quantity INT,
    sale_amount DECIMAL(10, 2),
    sale_date DATE
);
```

Problema:

Identificar categorías de productos con mayor crecimiento en ventas y períodos de alta demanda.

Solución con SQL:

Calcular ventas totales por categoría y período:

sql

```
SELECT category, DATE_FORMAT(sale_date, '%Y-%m') AS
month, SUM(sale_amount) AS total_sales
FROM ecom_sales
```

```sql
GROUP BY category, DATE_FORMAT(sale_date, '%Y-%m')
ORDER BY category, month;
```

Identificar los productos más vendidos en cada categoría:

sql

```sql
SELECT category, product_id, SUM(quantity) AS total_quantity
FROM ecom_sales
GROUP BY category, product_id
ORDER BY category, total_quantity DESC;
```

Calcular el promedio de ventas por mes e identificar estacionalidades:

sql

```sql
SELECT category, AVG(SUM(sale_amount)) OVER (PARTITION
BY category) AS avg_monthly_sales
FROM ecom_sales
GROUP BY category, DATE_FORMAT(sale_date, '%Y-%m');
```

Lección:

SQL es una herramienta poderosa para identificar patrones y tendencias en grandes volúmenes de datos. Las consultas agregadas ayudan a entender el comportamiento del mercado y planificar acciones estratégicas.

Extracción de Lecciones Aplicables al Día a Día

- Estructurar datos de forma eficiente: Modelar tablas adecuadas al problema facilita crear consultas claras y performantes.

- Automatizar siempre que sea posible: Triggers, vistas y rutinas almacenadas reducen la necesidad de intervenciones manuales y aumentan la confiabilidad del sistema.

- Monitorear y ajustar índices: La creación de índices bien diseñados optimiza el rendimiento de consultas críticas.

- Integrar datos contextuales: Combinar información de diferentes fuentes, como localizaciones, ventas y perfiles de usuario, mejora la calidad de los análisis.

- Validar y probar soluciones: Garantizar que las consultas sean precisas y cumplan con los requisitos antes de aplicarlas en producción es esencial para evitar problemas.

El uso de SQL para resolver problemas en industrias variadas demuestra su versatilidad e importancia en análisis de datos y procesos operativos. Las lecciones extraídas de estos estudios de caso son aplicables en diversos contextos, ayudando a los profesionales a enfrentar desafíos con confianza y eficacia.

CAPÍTULO 19. CONSTRUYENDO PROYECTOS DEL MUNDO REAL

La aplicación práctica de SQL en proyectos del mundo real es una habilidad esencial para cualquier profesional que trabaje con datos. Este capítulo explora cómo construir sistemas completos de gestión de datos, con enfoque en proyectos como una aplicación de tienda en línea y un sistema de inventario. Se presentan pasos detallados y prácticas recomendadas para crear soluciones funcionales, escalables y seguras.

Estructuración de un Sistema de Tienda en Línea

Un sistema de tienda en línea requiere una base de datos bien diseñada para gestionar productos, clientes, pedidos y pagos. A continuación, se detallan los componentes principales y las prácticas necesarias para implementar este sistema.

Modelado de la Base de Datos

Crear un modelo de datos para almacenar información esencial:

- Tabla de productos: Gestiona los detalles de cada artículo disponible para la venta.

- Tabla de clientes: Almacena información sobre los compradores.

- Tabla de pedidos: Relaciona a los clientes con los productos comprados.

- Tabla de pagos: Registra los detalles de las transacciones financieras.

Estructurar las tablas:

sql

```sql
CREATE TABLE products (
    product_id INT AUTO_INCREMENT PRIMARY KEY,
    name VARCHAR(100) NOT NULL,
    description TEXT,
    price DECIMAL(10, 2) NOT NULL,
    stock INT NOT NULL
);


CREATE TABLE customers (
    customer_id INT AUTO_INCREMENT PRIMARY KEY,
    name VARCHAR(100) NOT NULL,
    email VARCHAR(100) UNIQUE NOT NULL,
    address TEXT
);


CREATE TABLE orders (
    order_id INT AUTO_INCREMENT PRIMARY KEY,
    customer_id INT,
    order_date TIMESTAMP DEFAULT CURRENT_TIMESTAMP,
    total_amount DECIMAL(10, 2) NOT NULL,
    FOREIGN KEY (customer_id) REFERENCES
```

customers(customer_id)

);

```sql
CREATE TABLE payments (
    payment_id INT AUTO_INCREMENT PRIMARY KEY,
    order_id INT,
    payment_date TIMESTAMP DEFAULT
CURRENT_TIMESTAMP,
    amount DECIMAL(10, 2) NOT NULL,
    payment_status ENUM('Pending', 'Completed', 'Failed'),
    FOREIGN KEY (order_id) REFERENCES orders(order_id)
);
```

Funcionalidades principales

1. Agregar productos al catálogo:

sql
```sql
INSERT INTO products (name, description, price, stock)
VALUES ('Laptop', 'High-performance laptop', 1200.00, 50);
```

2. Registrar nuevos clientes:

sql
```sql
INSERT INTO customers (name, email, address)
VALUES ('John Doe', 'john.doe@example.com', '123 Main Street');
```

3. Procesar un pedido:
   Crear un nuevo pedido:

sql
```sql
INSERT INTO orders (customer_id, total_amount)
VALUES (1, 2400.00);
```

Actualizar el stock:
sql
```sql
UPDATE products
SET stock = stock - 2
WHERE product_id = 1;
```

Registrar el pago:
sql
```sql
INSERT INTO payments (order_id, amount, payment_status)
VALUES (1, 2400.00, 'Completed');
```

Reportes y análisis
Pedidos por cliente:
sql
```sql
SELECT c.name, o.order_id, o.order_date, o.total_amount
FROM customers c
JOIN orders o ON c.customer_id = o.customer_id;
```

Productos con bajo stock:

sql

```
SELECT name, stock
FROM products
WHERE stock < 10;
```

Prácticas Recomendadas

- Normalización: Evitar redundancia de datos separando información relacionada en tablas distintas.

- Índices: Crear índices en columnas frecuentemente usadas en filtros, como email en customers.

- Seguridad: Utilizar consultas parametrizadas para prevenir SQL injection.

Implementando un Sistema de Inventario

Un sistema de inventario es esencial para monitorear niveles de stock, registrar movimientos de entrada y salida y planificar reabastecimientos.

Estructuración de la Base de Datos

Crear las tablas principales:

Tabla de inventario: Almacena los niveles de cada producto.
Tabla de movimientos: Registra las entradas y salidas de stock.

Estructurar las tablas:

sql

```
CREATE TABLE inventory (
```

```sql
    product_id INT AUTO_INCREMENT PRIMARY KEY,
    name VARCHAR(100) NOT NULL,
    stock INT NOT NULL,
    restock_threshold INT NOT NULL
);
```

```sql
CREATE TABLE inventory_movements (
    movement_id INT AUTO_INCREMENT PRIMARY KEY,
    product_id INT,
    movement_type ENUM('In', 'Out'),
    quantity INT NOT NULL,
    movement_date TIMESTAMP DEFAULT CURRENT_TIMESTAMP,
    FOREIGN KEY (product_id) REFERENCES inventory(product_id)
);
```

Funcionalidades Principales

1. Agregar productos al inventario:

sql
```sql
INSERT INTO inventory (name, stock, restock_threshold)
VALUES ('Notebook', 100, 20);
```

2. Registrar movimientos:
   Entrada de stock:

sql
```sql
INSERT INTO inventory_movements (product_id,
movement_type, quantity)
VALUES (1, 'In', 50);
```

Salida de stock:

sql
```sql
INSERT INTO inventory_movements (product_id,
movement_type, quantity)
VALUES (1, 'Out', 30);
```

Actualizar el nivel de stock:

sql
```sql
UPDATE inventory
SET stock = stock + 50
WHERE product_id = 1;
```

3. Identificar necesidades de reabastecimiento:

sql
```sql
SELECT name, stock, restock_threshold
FROM inventory
```

```sql
WHERE stock < restock_threshold;
```

Reportes y análisis

Movimientos recientes:

sql

```sql
SELECT im.movement_date, i.name, im.movement_type,
im.quantity
FROM inventory_movements im
JOIN inventory i ON im.product_id = i.product_id
ORDER BY im.movement_date DESC;
```

Stock actual:

sql

```sql
SELECT name, stock
FROM inventory;
```

Prácticas Recomendadas

- Auditoría: Mantener registros completos de todos los movimientos para rastrear cambios en el inventario.

- Automatización: Configurar triggers para actualizar automáticamente el stock:

sql

```sql
CREATE TRIGGER update_stock_after_movement
AFTER INSERT ON inventory_movements
```

```
FOR EACH ROW
BEGIN
    IF NEW.movement_type = 'In' THEN
        UPDATE inventory
        SET stock = stock + NEW.quantity
        WHERE product_id = NEW.product_id;
    ELSEIF NEW.movement_type = 'Out' THEN
        UPDATE inventory
        SET stock = stock - NEW.quantity
        WHERE product_id = NEW.product_id;
    END IF;
END;
```

Paso a Paso con Prácticas Detalladas

- Paso 1: Modelado de la base de datos
  Definir claramente las entidades, atributos y relaciones.
  Usar diagramas ER para visualizar la estructura.

- Paso 2: Configuración del entorno
  Elegir la tecnología adecuada (MySQL, PostgreSQL, SQL
  Server) y configurar el entorno local o en la nube.

- Paso 3: Implementación inicial
  Crear las tablas con los esquemas definidos e insertar datos
  de prueba para validar la estructura.

- Paso 4: Desarrollo de funcionalidades
  Implementar consultas SQL para funcionalidades
  principales como inserciones, actualizaciones y reportes.

- Paso 5: Optimización
Crear índices en columnas frecuentemente consultadas.
Validar la eficiencia usando herramientas como EXPLAIN.

- Paso 6: Pruebas
Probar el sistema con diferentes escenarios y volúmenes de datos para asegurar robustez y escalabilidad.

- Paso 7: Documentación
Registrar tablas, consultas y procesos implementados para facilitar mantenimientos y mejoras futuras.

La construcción de sistemas completos con SQL requiere planificación cuidadosa, modelado eficiente y aplicación de prácticas avanzadas. Proyectos como una tienda online y un sistema de inventario destacan la flexibilidad y poder de SQL para atender necesidades reales. Aplicar los pasos detallados y seguir las prácticas recomendadas garantiza que los sistemas creados sean funcionales, seguros y escalables, respondiendo con excelencia a demandas del mundo real.

CAPÍTULO 20. PREPARACIÓN PARA ENTREVISTAS Y CERTIFICACIONES

SQL es una habilidad esencial en el mercado laboral, y la competencia en su aplicación práctica suele evaluarse en entrevistas técnicas y certificaciones profesionales. Este capítulo aborda preguntas comunes en entrevistas, la estructura de las certificaciones SQL más reconocidas y presenta simulacros y consejos de estudio para ayudarte a destacar en cualquier evaluación.

Preguntas Comunes de Entrevistas Técnicas

Las entrevistas técnicas suelen cubrir una amplia gama de temas, desde conceptos básicos hasta consultas avanzadas y optimización de rendimiento. A continuación se presentan categorías y ejemplos de preguntas que puedes encontrar, junto con explicaciones y soluciones.

1. **Conceptos Fundamentales**
   Pregunta: ¿Cuál es la diferencia entre INNER JOIN, LEFT JOIN y RIGHT JOIN?
   INNER JOIN: Devuelve solo los registros que tienen coincidencia en ambas tablas.
   LEFT JOIN: Devuelve todos los registros de la tabla de la izquierda y los registros coincidentes de la tabla de la derecha. Cuando no hay coincidencia, los valores de la tabla derecha serán nulos.

RIGHT JOIN: Funciona como el LEFT JOIN, pero devuelve todos los registros de la tabla derecha.

Consulta de ejemplo:

sql

```
-- INNER JOIN: clientes que tienen pedidos
SELECT c.name, o.order_id
FROM customers c
INNER JOIN orders o ON c.customer_id = o.customer_id;


-- LEFT JOIN: todos los clientes y sus pedidos (si existen)
SELECT c.name, o.order_id
FROM customers c
LEFT JOIN orders o ON c.customer_id = o.customer_id;


-- RIGHT JOIN: todos los pedidos y los clientes asociados (si existen)
SELECT c.name, o.order_id
FROM customers c
RIGHT JOIN orders o ON c.customer_id = o.customer_id;
```

2. **Consultas Avanzadas**
Pregunta: ¿Cómo encontrar el segundo salario más alto en una tabla de empleados?

Solución con LIMIT o subconsulta:

sql

```sql
-- Usando LIMIT
SELECT DISTINCT salary
FROM employees
ORDER BY salary DESC
LIMIT 1 OFFSET 1;

-- Usando subconsulta
SELECT MAX(salary) AS second_highest_salary
FROM employees
WHERE salary < (SELECT MAX(salary) FROM employees);
```

3. **Optimización de Consultas**
   Pregunta: ¿Cómo mejorar el rendimiento de una consulta SQL?

- Asegúrate de que se usen índices en columnas de filtros (WHERE o JOIN).

- Evita usar funciones en columnas indexadas, como LOWER(column).

- Usa particiones y compresión para grandes volúmenes de datos.

- Limita la cantidad de registros devueltos con LIMIT o TOP.

Consulta optimizada:
sql

```
-- Con índice en la columna `last_name`
SELECT *
FROM employees
WHERE last_name = 'Smith';
```

4. **Gestión de Transacciones**
   Pregunta: ¿Qué es ACID en el contexto de bases de datos?

- Atomicidad: Garantiza que todas las partes de una transacción se completen o ninguna lo haga.

- Consistencia: La base de datos permanece en un estado válido antes y después de la transacción.

- Aislamiento: Las transacciones simultáneas no interfieren entre sí.

- Durabilidad: Los datos confirmados se almacenan permanentemente, incluso en caso de fallo del sistema.

Estructura de las Certificaciones SQL Más Reconocidas

Las certificaciones SQL son ofrecidas por empresas de tecnología e instituciones reconocidas, validando habilidades prácticas y teóricas. Aquí algunas de las certificaciones más destacadas y sus estructuras.

1. **Microsoft Certified: Azure Data Fundamentals**
   Enfoque: Fundamentos de SQL e integración con servicios en la nube de Microsoft.

Temas principales:

- Lenguaje básico de consulta con T-SQL.

- Crear y administrar tablas en SQL Server.

- Consultas analíticas con funciones agregadas y de ventana.

Estructura del examen:

- Preguntas de opción múltiple.

- Simulaciones prácticas.

- Preguntas de arrastrar y soltar.

Ejemplo práctico:

sql

```
-- Crear una tabla con restricción de clave primaria
CREATE TABLE students (
    student_id INT PRIMARY KEY,
    name NVARCHAR(100),
    grade INT
);
```

2. **Oracle Database SQL Certified Associate**
   Enfoque: Competencias básicas y avanzadas en SQL con Oracle Database.

Temas principales:

- Manipulación de datos (DML y DDL).

- Consultas avanzadas con subconsultas y funciones.

- Gestión de esquemas y control de acceso.

Estructura del examen:

- 75 preguntas de opción múltiple.

- Tiempo: 120 minutos.

- Puntaje mínimo: 63%.

Ejemplo práctico:

sql

```
-- Agregar una columna a una tabla existente
ALTER TABLE employees
ADD email VARCHAR(100);
```

3. **Google Professional Data Engineer Certification Enfoque:** Uso de SQL en Big Data y análisis en plataformas Google.

Temas principales:

- Consultas con BigQuery.

- Integración de datos geoespaciales.

- Optimización de consultas para grandes volúmenes.

Estructura del examen:

- Estudios de caso.

- Preguntas de opción múltiple.

- Simulaciones.

Simulacros y Consejos de Estudio

Prepararte para entrevistas y certificaciones requiere práctica constante y estudio estratégico. Los simulacros basados en preguntas reales fortalecen tus habilidades e identifican áreas de mejora.

Simulacro de Certificación

Pregunta 1: ¿Cómo crear una consulta que devuelva el número total de pedidos por cliente?

sql

```
SELECT customer_id, COUNT(order_id) AS total_orders
FROM orders
GROUP BY customer_id;
```

Pregunta 2: ¿Qué consulta devuelve los 5 productos más vendidos?

sql

```
SELECT product_id, SUM(quantity) AS total_sold
```

```
FROM sales
GROUP BY product_id
ORDER BY total_sold DESC
LIMIT 5;
```

Pregunta 3: ¿Cómo crear un índice en la tabla products para la columna price?

sql

```
CREATE INDEX idx_price ON products (price);
```

Consejos de Estudio

- Practica diariamente: Resuelve ejercicios de consultas básicas, intermedias y avanzadas.

- Simula escenarios reales: Trabaja con conjuntos de datos realistas, como ventas, inventario o registros de clientes.

- Estudia conceptos fundamentales: Asegúrate de entender transacciones, normalización e índices.

- Usa bases de datos populares: Prueba MySQL, PostgreSQL y SQL Server para familiarizarte con diferentes entornos.

- Explora problemas prácticos: Usa plataformas como LeetCode y HackerRank para resolver desafíos de SQL.

La preparación para entrevistas técnicas y certificaciones SQL requiere un equilibrio entre teoría y práctica. Con dominio de los conceptos fundamentales, capacidad para resolver problemas complejos y familiaridad con las plataformas de examen, estarás bien posicionado para alcanzar el éxito. Sigue los simulacros y aplica las prácticas recomendadas para destacarte en cualquier evaluación técnica.

CAPÍTULO 21. RESOLUCIÓN DE PROBLEMAS AVANZADOS

Trabajar con SQL en sistemas complejos requiere habilidades para identificar, diagnosticar y corregir errores de manera eficiente. Además, el dominio de herramientas de depuración y prácticas de mejora continua garantiza que los sistemas de datos operen con alto rendimiento y confiabilidad. Este capítulo aborda estrategias para resolver problemas avanzados, presenta herramientas de depuración y ofrece ejemplos prácticos que desafían la comprensión y estimulan la aplicación de conocimientos avanzados.

Enfoque para Errores Complejos y Diagnóstico

Los errores complejos en SQL suelen involucrar bajo rendimiento, resultados inesperados o fallas en transacciones críticas. Un enfoque sistemático para diagnosticar y corregir estos problemas es esencial para garantizar la integridad de los datos y la eficiencia de las operaciones.

Etapas para Diagnóstico de Errores

Identificar el Síntoma:

- Determinar si el problema es funcional (resultado incorrecto o ausente) o de rendimiento (consulta lenta).
- Observar mensajes de error específicos, como "syntax error" o "deadlock detected".

Reproducir el Problema

- Aislar la consulta u operación que causa el error.

- Usar datos de prueba representativos para replicar el problema.

Analizar el Contexto

- Examinar los esquemas de tablas, índices existentes y tamaños de datos.

- Revisar el plan de ejecución de la consulta para entender cómo procesa el motor de base de datos.

Aplicar Correcciones Incrementales

- Probar cambios en partes específicas de la consulta o configuración del servidor.
- Monitorear el impacto de cada ajuste.

Errores Comunes y Sus Soluciones

Error 1: Resultados Duplicados en Consultas

Los duplicados pueden ocurrir cuando un JOIN combina registros de manera incorrecta.

Consulta inicial con duplicados:

sql

```sql
SELECT c.name, o.order_id
FROM customers c
JOIN orders o ON c.customer_id = o.customer_id;
```

Corrección usando DISTINCT o revisando la relación:

sql

```sql
SELECT DISTINCT c.name, o.order_id
FROM customers c
JOIN orders o ON c.customer_id = o.customer_id;
```

Verificar duplicados en la tabla original:

sql

```sql
SELECT customer_id, COUNT(*)
FROM customers
GROUP BY customer_id
HAVING COUNT(*) > 1;
```

Error 2: Consultas Lentas

Las consultas lentas suelen deberse a la falta de índices o a operaciones sobre grandes volúmenes de datos.

Diagnosticar con el plan de ejecución:

sql

```sql
EXPLAIN SELECT * FROM orders WHERE order_date > '2024-01-01';
```

Añadir índices:

sql

```sql
CREATE INDEX idx_order_date ON orders (order_date);
```

Error 3: Deadlocks en Transacciones

Los deadlocks ocurren cuando dos o más transacciones se bloquean mutuamente.

Evitar deadlocks definiendo un orden consistente:

sql

```
BEGIN TRANSACTION;


UPDATE accounts SET balance = balance - 100 WHERE account_id = 1;

UPDATE accounts SET balance = balance + 100 WHERE account_id = 2;


COMMIT;
```

Diagnosticar deadlocks con los logs del servidor y revisando dependencias de transacciones.

Herramientas para Depuración y Mejora

Continua Planes de Ejecución

Los planes muestran cómo el motor procesa una consulta, indicando el uso de índices, joins y escaneos.

PostgreSQL:

sql

```
EXPLAIN ANALYZE
SELECT product_id, SUM(quantity)
FROM sales
WHERE sale_date > '2024-01-01'
GROUP BY product_id;
```

MySQL:

sql

```
EXPLAIN SELECT * FROM orders WHERE customer_id = 5;
```

Monitoreo de Rendimiento

PostgreSQL:

sql

```
CREATE EXTENSION pg_stat_statements;


SELECT query, total_exec_time, calls
FROM pg_stat_statements
ORDER BY total_exec_time DESC
LIMIT 5;
```

MySQL:

sql

```
SHOW VARIABLES LIKE 'performance_schema';
SELECT * FROM
performance_schema.events_statements_summary_by_digest
ORDER BY SUM_TIMER_WAIT DESC LIMIT 5;
```

Herramientas Externas

- pgAdmin: Interfaz gráfica para PostgreSQL.

- DBeaver: Herramienta universal para bases de datos.

- DataGrip: IDE avanzado con depuración y análisis.

Ejemplos para Práctica

1. Identificar el Top 3 de Productos Más Vendidos por Categoría

sql

```
SELECT category, product_id, total_sales
FROM (
    SELECT category, product_id, SUM(quantity) AS total_sales,
        RANK() OVER (PARTITION BY category ORDER BY
SUM(quantity) DESC) AS rank
    FROM sales
    GROUP BY category, product_id
) ranked
WHERE rank <= 3;
```

2. Encontrar la Última Compra de Cada Cliente

sql

```
SELECT customer_id, order_id, order_date
FROM (
    SELECT customer_id, order_id, order_date,
        ROW_NUMBER() OVER (PARTITION BY customer_id
```

```
ORDER BY order_date DESC) AS row_num
    FROM orders
) ranked
WHERE row_num = 1;
```

3. Analizar Movimientos de Inventario

sql

```
SELECT product_id,
     SUM(CASE WHEN movement_type = 'In' THEN quantity
ELSE 0 END) AS total_in,
     SUM(CASE WHEN movement_type = 'Out' THEN quantity
ELSE 0 END) AS total_out,
     (SUM(CASE WHEN movement_type = 'In' THEN quantity
ELSE 0 END) -
      SUM(CASE WHEN movement_type = 'Out' THEN quantity
ELSE 0 END)) AS current_stock
FROM inventory_movements
GROUP BY product_id;
```

4. Detectar Anomalías en Transacciones

sql

```
WITH avg_transaction AS (
    SELECT customer_id, AVG(amount) AS avg_amount
    FROM transactions
    GROUP BY customer_id
```

```
)
SELECT t.customer_id, t.transaction_id, t.amount,
a.avg_amount
FROM transactions t
JOIN avg_transaction a ON t.customer_id = a.customer_id
WHERE ABS(t.amount - a.avg_amount) > a.avg_amount * 0.5;
```

Prácticas de Mejora Continua

- Automatizar Pruebas de Consultas: Validar precisión y rendimiento en entornos simulados.

- Documentar Errores y Soluciones: Mantener un registro de problemas comunes y soluciones aplicadas.

- Monitorear y Revisar Regularmente: Implementar alertas y revisar índices y esquemas periódicamente.

- Mantener el Sistema Actualizado: Aprovechar mejoras de rendimiento y seguridad de nuevas versiones.

La resolución de problemas avanzados con SQL requiere una combinación de habilidades técnicas, herramientas adecuadas y prácticas efectivas. Comprender el comportamiento del motor, diagnosticar problemas y aplicar soluciones optimizadas garantiza que los sistemas complejos funcionen de manera eficiente y confiable. La práctica constante y el uso de herramientas modernas te preparan para enfrentar cualquier desafío en la gestión de datos.

CAPÍTULO 22. AUTOMATIZACIÓN DE PROCESOS CON SQL

La automatización de procesos con SQL es una práctica fundamental para optimizar flujos de trabajo, mejorar la eficiencia y reducir la probabilidad de errores humanos en tareas repetitivas. Las integraciones de SQL con pipelines de datos y herramientas modernas, como Apache Airflow y DBT (Data Build Tool), permiten gestionar grandes volúmenes de datos y ejecutar procesos complejos de forma sistemática y escalable. Este capítulo explora cómo implementar automatizaciones usando SQL, detallando estrategias y ejemplos prácticos con herramientas ampliamente utilizadas en la industria.

Integración de SQL con Pipelines de Datos Automatizados

Los pipelines de datos son secuencias de pasos automatizados que extraen, transforman y cargan (ETL) datos de diferentes fuentes hacia un destino específico, como un data warehouse. SQL es un lenguaje central en la gestión y manipulación de datos dentro de estos pipelines.

Arquitectura de Pipelines Automatizados

Un pipeline típico consiste en:

- Fuente de datos: Bases de datos relacionales, APIs, archivos CSV o sistemas de almacenamiento distribuido.

- Transformación: Limpieza, agregación y transformación de datos usando SQL o scripts personalizados.

DIEGO RODRIGUES

- Carga: Inserción de los datos procesados en un data warehouse como BigQuery, Snowflake o Redshift.

Ejemplo de pipeline ETL simple con SQL:

sql

```sql
-- Extracción
CREATE TEMP TABLE temp_sales AS
SELECT *
FROM raw_sales_data;

-- Transformación
INSERT INTO transformed_sales
SELECT
    product_id,
    customer_id,
    sale_date,
    ROUND(total_amount, 2) AS total_amount,
    CASE
        WHEN total_amount > 1000 THEN 'High'
        ELSE 'Low'
    END AS customer_segment
FROM temp_sales;

-- Carga
INSERT INTO final_sales
SELECT * FROM transformed_sales;
```

Beneficios de la Automatización de Pipelines

- Consistencia: Los procesos automatizados garantizan que los mismos pasos se ejecuten de forma estandarizada.

- Eficiencia: Reduce el tiempo necesario para procesar grandes volúmenes de datos.

- Escalabilidad: Facilita aumentar la carga de trabajo sin intervención manual.

- Monitoreo: Las herramientas modernas ofrecen visibilidad y alertas en caso de fallas en el pipeline.

Ejemplos Prácticos con Herramientas Modernas

Apache Airflow:

Apache Airflow es una plataforma de orquestación de workflows que permite programar y monitorear pipelines de datos. Usa DAGs (Directed Acyclic Graphs) para definir la secuencia de tareas.

Implementación de un DAG para un pipeline SQL:

Crear una tabla de log para almacenar el historial de ejecuciones:

sql

```
CREATE TABLE pipeline_logs (
    run_id SERIAL PRIMARY KEY,
    task_name VARCHAR(100),
    status VARCHAR(20),
    execution_date TIMESTAMP DEFAULT CURRENT_TIMESTAMP
```

);

Definir el DAG en Airflow:

python

```python
from airflow import DAG
from airflow.operators.postgres_operator import
PostgresOperator
from datetime import datetime

default_args = {
    'owner': 'data_engineer',
    'start_date': datetime(2024, 1, 1),
    'retries': 1
}

with DAG('etl_pipeline', default_args=default_args,
schedule_interval='@daily') as dag:

    extract_data = PostgresOperator(
        task_id='extract_data',
        postgres_conn_id='postgres_default',
        sql="""
        INSERT INTO extracted_data
        SELECT * FROM source_table WHERE load_date = '{{ ds }}';
        """
```

```
    )


    transform_data = PostgresOperator(
        task_id='transform_data',
        postgres_conn_id='postgres_default',
        sql="""
        INSERT INTO transformed_data
        SELECT id, UPPER(name) AS name, amount * 1.2 AS
updated_amount
        FROM extracted_data;
        """
    )


    load_data = PostgresOperator(
        task_id='load_data',
        postgres_conn_id='postgres_default',
        sql="""
        INSERT INTO final_table SELECT * FROM
transformed_data;
        """
    )


    extract_data >> transform_data >> load_data
```

Ejecutar y monitorear el DAG desde el panel de Airflow.

DBT (Data Build Tool):

DBT es una herramienta que automatiza la transformación de datos en data warehouses usando SQL. Permite crear modelos de datos reutilizables y estandarizados.

Configuración Básica con DBT:

Definir un modelo SQL para transformación:
Archivo models/sales_transformation.sql:

sql

```
WITH cleaned_data AS (
    SELECT
        product_id,
        customer_id,
        sale_date,
        ROUND(total_amount, 2) AS total_amount
    FROM raw_sales_data
    WHERE total_amount IS NOT NULL
),
segmented_data AS (
    SELECT
        product_id,
        customer_id,
        sale_date,
        total_amount,
        CASE
```

```
        WHEN total_amount > 1000 THEN 'High'
        ELSE 'Low'
      END AS customer_segment
    FROM cleaned_data
)
SELECT * FROM segmented_data;
```

Configurar DBT:
Archivo dbt_project.yml:

yaml

```
name: sales_pipeline
version: 1.0
models:
  sales_pipeline:
    materialized: table
```

Ejecutar el modelo:
bash

```
dbt run --select sales_transformation
```

Casos Prácticos de Automatización con SQL
Automatización de Reportes Diarios

sql

```sql
-- Extracción
CREATE TEMP TABLE daily_transactions AS
SELECT * FROM transactions WHERE transaction_date =
CURRENT_DATE - 1;


-- Transformación
INSERT INTO daily_reports
SELECT
    category,
    COUNT(*) AS transaction_count,
    SUM(amount) AS total_amount,
    AVG(amount) AS avg_amount
FROM daily_transactions
GROUP BY category;


-- Carga
INSERT INTO reports_archive SELECT * FROM daily_reports;
```

Actualización Automática de Tablas de Cache

sql
```sql
DELETE FROM cache_table;


INSERT INTO cache_table
SELECT
    id,
```

```sql
    name,
    COUNT(*) AS visit_count
FROM user_activity
GROUP BY id, name;
```

Monitoreo de Fallas en Pipelines

sql
```sql
CREATE TABLE pipeline_failure_logs (
    id SERIAL PRIMARY KEY,
    task_name VARCHAR(100),
    error_message TEXT,
    failure_time TIMESTAMP DEFAULT CURRENT_TIMESTAMP
);

BEGIN;
    -- Paso de transformación
    INSERT INTO transformed_data
    SELECT * FROM raw_data;
EXCEPTION
    WHEN OTHERS THEN
        INSERT INTO pipeline_failure_logs (task_name,
error_message)
        VALUES ('Transformation Step', SQLERRM);
END;
```

Prácticas Recomendadas para Automatización con SQL

- Centralizar Configuraciones: Gestionar credenciales, rutas y parámetros en archivos dedicados.

- Probar Regularmente: Simular escenarios de error para validar la robustez del pipeline.

- Implementar Logs: Registrar eventos de ejecución para monitorear y depurar tareas.

- Usar Materializaciones Inteligentes: En DBT, elegir entre tablas, vistas o incrementales según volumen y frecuencia.

Automatizar procesos con SQL transforma operaciones manuales y lentas en flujos eficientes, confiables y escalables. Herramientas modernas como Airflow y DBT complementan la flexibilidad de SQL, proporcionando mayor control y visibilidad en los pipelines de datos. La práctica y la aplicación de estos conceptos en escenarios reales te capacitan para crear soluciones robustas ante desafíos de datos a gran escala.

CAPÍTULO 23. INNOVACIÓN Y FUTURO DE SQL

SQL, como lenguaje estándar para la gestión y manipulación de datos, ha evolucionado constantemente para satisfacer las necesidades del mundo moderno. Con el auge de nuevas tecnologías como la inteligencia artificial (IA) y el aprendizaje automático (ML), SQL se está adaptando para ofrecer soporte a funcionalidades más complejas e innovadoras. Este capítulo explora las nuevas funcionalidades en SQL, los impactos de IA y ML en la gestión de datos y cómo estos cambios moldean el futuro de este lenguaje esencial.

Nuevas Funcionalidades en SQL

Las innovaciones recientes en SQL están diseñadas para abordar desafíos como el crecimiento exponencial de los datos, la necesidad de análisis más sofisticados y la integración con tecnologías emergentes. Estas nuevas funcionalidades reflejan la adaptación de SQL a escenarios modernos.

1. **Consultas Recursivas y Jerárquicas**
   Las consultas recursivas permiten navegar en datos jerárquicos, como estructuras organizacionales o gráficos de redes. Esto es especialmente útil en bases de datos con relaciones parent-child.

Representación de una jerarquía organizacional
Tabla de ejemplo:

sql

```sql
CREATE TABLE employees (
    employee_id INT PRIMARY KEY,
    name VARCHAR(100),
    manager_id INT
);
```

Consulta para mostrar la jerarquía completa de un gerente:

sql

```sql
WITH RECURSIVE hierarchy AS (
    SELECT employee_id, name, manager_id
    FROM employees
    WHERE manager_id IS NULL -- Seleccionar al CEO

    UNION ALL

    SELECT e.employee_id, e.name, e.manager_id
    FROM employees e
    INNER JOIN hierarchy h ON e.manager_id = h.employee_id
)
SELECT * FROM hierarchy;
```

2. **Funciones Analíticas y de Ventanas Avanzadas**
Funciones de ventana como RANK, LAG, LEAD y agregaciones acumuladas ofrecen más control sobre análisis complejos.

Rastrear la posición de ventas mensuales por producto

sql

```
SELECT
    product_id,
    sale_month,
    SUM(sale_amount) AS total_sales,
    RANK() OVER (PARTITION BY sale_month ORDER BY
SUM(sale_amount) DESC) AS rank
FROM sales
GROUP BY product_id, sale_month;
```

3. **Soporte para Datos Geoespaciales**
   Con el aumento de las aplicaciones basadas en ubicación, SQL ha incorporado soporte para tipos de datos y funciones geoespaciales.

Encontrar tiendas cercanas a una coordenada específica

sql

```
SELECT store_name, ST_Distance(location,
ST_MakePoint(-73.9857, 40.7484)) AS distance
FROM stores
WHERE ST_DWithin(location, ST_MakePoint(-73.9857,
40.7484), 5000) -- Radio de 5 km
ORDER BY distance;
```

4. **Integración con Big Data**
   Con el surgimiento de tecnologías Big Data, SQL se

ha adaptado para operar en plataformas como Apache Hive, Google BigQuery y Amazon Redshift.

Consultas optimizadas con BigQuery

sql

```
SELECT category, AVG(sale_amount) AS avg_sales
FROM `project_id.dataset.sales`
WHERE sale_date >= DATE_SUB(CURRENT_DATE(), INTERVAL 1 YEAR)
GROUP BY category
ORDER BY avg_sales DESC;
```

5. **Soporte para JSON y Datos No Estructurados**
   Con la popularidad de las bases NoSQL, SQL ha incorporado soporte para tipos como JSON.

Consultar datos JSON en PostgreSQL

sql

```
SELECT customer_id, json_data->>'email' AS email
FROM orders
WHERE json_data->>'status' = 'shipped';
```

Impactos de la Inteligencia Artificial y Machine Learning en SQL

La integración de IA y ML con SQL está revolucionando la forma en que se gestionan, analizan y utilizan los datos para decisiones estratégicas.

1. **Integración con Modelos de Machine Learning**

Plataformas como BigQuery ML y Amazon Redshift ML permiten entrenar e implementar modelos ML directamente en SQL.

Crear y usar un modelo de regresión lineal en BigQuery ML

sql

```sql
-- Crear el modelo
CREATE MODEL `project_id.dataset.sales_prediction`
OPTIONS(model_type='linear_reg') AS
SELECT
    product_id,
    sale_month,
    total_sales
FROM dataset.sales_data;


-- Hacer predicciones
SELECT product_id, predicted_total_sales
FROM ML.PREDICT(MODEL
`project_id.dataset.sales_prediction`,
        (SELECT product_id, sale_month FROM
dataset.future_sales));
```

2. **Optimización Automática de Consultas**
   Bases como SQL Server con Query Store identifican consultas lentas y sugieren índices o reescriben automáticamente planes de ejecución.

3. **Análisis Predictivo con SQL**

SQL se utiliza para análisis predictivo, combinando datos históricos con algoritmos de predicción.

Predecir tendencias de ventas mensuales

sql

```
WITH historical_sales AS (
    SELECT
        DATE_TRUNC('month', sale_date) AS sale_month,
        SUM(sale_amount) AS total_sales
    FROM sales
    GROUP BY sale_month
),
forecast AS (
    SELECT
        sale_month,
        total_sales,
        LAG(total_sales) OVER (ORDER BY sale_month) AS previous_sales,
        LEAD(total_sales) OVER (ORDER BY sale_month) AS next_sales
    FROM historical_sales
)
SELECT sale_month,
    total_sales,
    (total_sales + COALESCE(next_sales, total_sales)) / 2 AS predicted_sales
FROM forecast;
```

4. **Automatización de Insights con IA**
   Herramientas como Tableau y Power BI integran modelos de IA que sugieren insights automáticamente a partir de consultas SQL.

El Futuro de SQL

Con el crecimiento continuo de los datos y el avance tecnológico, SQL continuará evolucionando.

1. **Soporte Ampliado a Datos No Estructurados**
   SQL ampliará su capacidad para manejar videos, imágenes y grandes volúmenes de texto.

2. **Mayor Integración con Inteligencia Artificial**
   SQL se usará para crear pipelines automatizados que alimenten modelos IA, permitiendo inferencias directamente sobre los datos almacenados.

3. **Consultas en Lenguaje Natural**
   La combinación de SQL con NLP permitirá a los usuarios consultar usando lenguaje común:

text

"¿Cuáles fueron las ventas totales del último trimestre por región?"

Traducido a SQL:

sql

```
SELECT region, SUM(sale_amount) AS total_sales
FROM sales
```

```
WHERE sale_date >= DATE_SUB(CURRENT_DATE(), INTERVAL 3
MONTH)
GROUP BY region;
```

4. **Adopción Ampliada en Edge Computing**
   Con el edge computing, SQL se usará en dispositivos
   cercanos al origen de los datos, como sensores IoT.

5. **Automatización Total de Pipelines con SQL**
   Las herramientas futuras permitirán escribir y
   mantener pipelines completos únicamente en SQL.

SQL está en constante evolución para adaptarse a los cambios
tecnológicos y las necesidades del mercado. Con nuevas
funcionalidades, mayor integración con IA y ML y soporte
para datos no estructurados, SQL sigue siendo una herramienta
indispensable para la gestión de datos. Comprender estas
innovaciones y tendencias te preparará para aprovechar al
máximo el potencial de SQL en el futuro.

CAPÍTULO 24. REFLEXIONES Y TENDENCIAS GLOBALES

SQL es mucho más que un lenguaje de manipulación de datos; es la base sobre la cual se construyen muchas de las infraestructuras modernas. Su evolución a lo largo de los años refleja los cambios tecnológicos, sociales y económicos que han moldeado el mundo. Este capítulo aborda la evolución de SQL en un mundo cada vez más conectado, enfocándose en estudios sobre su impacto en la tecnología y los negocios, y explora las tendencias globales que darán forma al futuro.

La Evolución de SQL en un Mundo Conectado

Origen y Auge:

Creado en la década de 1970, SQL surgió como una solución para manipular datos relacionales. La simplicidad de su sintaxis, combinada con su capacidad para ejecutar operaciones complejas, convirtió rápidamente a SQL en el estándar para bases de datos. Ha desempeñado un papel crucial en la transformación digital durante décadas.

SQL en la Era de la Conectividad:

Con la explosión de internet y el surgimiento de tecnologías conectadas como dispositivos IoT y redes sociales, SQL evolucionó para operar a una escala sin precedentes. Bases de datos relacionales como MySQL, PostgreSQL y SQL Server adoptaron nuevas funcionalidades para soportar datos no estructurados y consultas distribuidas.

Ejemplo de soporte a datos en tiempo real:

sql

```sql
SELECT device_id, AVG(temperature) AS avg_temp
FROM iot_data
WHERE event_time >= CURRENT_DATE - INTERVAL 1 DAY
GROUP BY device_id;
```

Esta capacidad de procesar datos en tiempo real es vital para monitorear redes complejas como ciudades inteligentes o plataformas de streaming.

Impacto de SQL en Plataformas Globales

Las principales empresas del mundo dependen de SQL para gestionar operaciones críticas. Servicios como comercio electrónico, sistemas bancarios, redes sociales y logística se basan en bases relacionales para ofrecer consistencia, confiabilidad y escalabilidad.

Integración con Big Data y Analytics

Con el crecimiento exponencial de los datos, SQL se ha convertido en un pilar en los ecosistemas de Big Data. Las integraciones con plataformas como Apache Spark y Hadoop amplían la funcionalidad de SQL, permitiendo análisis de grandes volúmenes de datos distribuidos.

Consulta en Hive para datos distribuidos:

sql

```sql
SELECT region, SUM(sales_amount) AS total_sales
FROM sales_data
WHERE year = 2023
GROUP BY region
ORDER BY total_sales DESC;
```

Estudios sobre el Impacto de SQL en Tecnología

1. **Facilitador de la Transformación Digital**
SQL ha sido clave en la digitalización de sectores como salud, manufactura y servicios financieros. Ha hecho que el acceso a datos sea más eficiente y ha impulsado la adopción de tecnologías de automatización e inteligencia artificial.

Ejemplo en salud:

sql

```
SELECT patient_id, AVG(blood_pressure) AS avg_bp
FROM medical_records
WHERE record_date >= CURRENT_DATE - INTERVAL 30 DAY
GROUP BY patient_id;
```

Este tipo de análisis mejora la atención al paciente y reduce costos operativos.

2. **Base para la Exploración de Datos**
Con el aumento de la demanda de análisis de datos, SQL se ha convertido en el lenguaje preferido para científicos y analistas de datos, gracias a su integración con herramientas modernas como Tableau, Power BI y Python.

Consulta SQL para informes dinámicos:

sql

```
SELECT product_category, SUM(sales) AS total_sales,
COUNT(order_id) AS total_orders
```

```
FROM sales_data
GROUP BY product_category
ORDER BY total_sales DESC;
```

SQL no solo permite extraer insights rápidamente, sino que también prepara datos para visualización en dashboards interactivos.

3. **Soporte a Decisiones Estratégicas**
Las organizaciones globales usan SQL para prever tendencias y optimizar operaciones. Por ejemplo, las empresas de transporte analizan datos históricos para ajustar rutas y mejorar la eficiencia logística.

Ejemplo de análisis logístico:

sql

```
SELECT route_id, AVG(delivery_time) AS avg_delivery_time
FROM delivery_data
WHERE delivery_date >= CURRENT_DATE - INTERVAL 90 DAY
GROUP BY route_id
ORDER BY avg_delivery_time ASC;
```

Estos análisis ayudan a identificar cuellos de botella y priorizar mejoras.

Impacto de SQL en los Negocios

1. **Reducción de Costos y Tiempo**
La automatización de procesos con SQL permite reducir costos operativos y acelerar decisiones.

Procesos que antes tomaban horas ahora pueden ejecutarse en segundos con una sola consulta.

Automatización de informes financieros:

sql

```
SELECT department, SUM(expense) AS total_expense
FROM financial_data
WHERE expense_date BETWEEN '2024-01-01' AND
'2024-12-31'
GROUP BY department;
```

2. **Expansión de Mercados**
   SQL ha permitido a las empresas analizar mercados globales con mayor precisión, explorando datos de ventas, tendencias regionales y preferencias del consumidor.

Ejemplo de análisis de mercado:

sql

```
SELECT region, product, SUM(sales) AS total_sales
FROM global_sales
GROUP BY region, product
ORDER BY region, total_sales DESC;
```

Este enfoque ayuda a identificar oportunidades de expansión y alinear estrategias regionales.

3. **Apoyo a la Innovación**
   SQL es la base de nuevas tecnologías como data warehouses modernos y sistemas de recomendación basados en machine learning. Las empresas usan SQL para entrenar modelos predictivos directamente en los datos almacenados.

Entrenamiento de modelos con BigQuery ML:

sql

```sql
CREATE MODEL sales_forecast_model
OPTIONS(model_type='linear_reg') AS
SELECT year, month, total_sales
FROM monthly_sales;
```

Tendencias Globales en el Uso de SQL

1. **Ampliación de la Convergencia SQL y NoSQL**
   SQL se está integrando con bases NoSQL como MongoDB y Cassandra para ofrecer lo mejor de ambos mundos: flexibilidad NoSQL con la familiaridad y el poder de SQL.

Consulta SQL en MongoDB:

sql

```sql
SELECT customer_id, COUNT(order_id) AS order_count
FROM orders
WHERE order_date >= '2024-01-01'
GROUP BY customer_id;
```

2. Evolución en Computación en la Nube
Las bases en la nube están redefiniendo cómo se usa SQL. Plataformas como AWS RDS, Azure SQL Database y Google BigQuery ofrecen escalabilidad y rendimiento sin precedentes.

Consulta optimizada en la nube:

sql

```
SELECT user_id, COUNT(action) AS actions_performed
FROM user_activity
WHERE event_date >= CURRENT_DATE - INTERVAL 7 DAY
GROUP BY user_id
ORDER BY actions_performed DESC;
```

3. Democratización de SQL
Las herramientas basadas en SQL están haciendo el análisis de datos accesible para no especialistas. Interfaces de consulta intuitivas y capacitación a gran escala ayudan a integrar SQL en todos los niveles organizacionales.

Reflexiones Finales
SQL desempeña un papel esencial en la construcción de un mundo cada vez más conectado. Trasciende las fronteras de la tecnología, impulsando la innovación, transformando industrias y permitiendo que las empresas tomen decisiones estratégicas basadas en datos. Las tendencias emergentes

garantizan que SQL seguirá evolucionando para enfrentar los desafíos del mañana, manteniéndose como un lenguaje indispensable en la gestión de información global.

CAPÍTULO 25. CONSEJOS Y ESTRATEGIAS PARA DOMINAR SQL

Dominar SQL es un camino continuo que combina aprendizaje teórico, práctica regular y aplicación en el mundo real. Este lenguaje, esencial en la gestión de datos, exige atención a los detalles, comprensión de las sutilezas y adaptación a las tendencias tecnológicas en constante evolución. Este capítulo presenta consejos y estrategias para profundización, recursos prácticos de aprendizaje y una visión orientada al crecimiento profesional, sin indicar obras externas, para garantizar un enfoque exclusivo en el desarrollo técnico.

Sugerencias para el Aprendizaje Continuo

Dominar SQL va más allá de simplemente ejecutar consultas básicas. Implica comprender las mejores prácticas, optimización de rendimiento y exploración de funcionalidades avanzadas.

1. **Practica Regularmente**
   La práctica constante es la base para el aprendizaje de cualquier lenguaje. Crea escenarios realistas y resuelve problemas variados para mejorar tus habilidades. Usa tablas ficticias para crear consultas que reflejen situaciones del mundo real.

sql

```
CREATE TABLE sales (
```

```
    sale_id INT PRIMARY KEY,
    product_id INT,
    customer_id INT,
    sale_date DATE,
    total_amount DECIMAL(10, 2)
);

INSERT INTO sales (sale_id, product_id, customer_id, sale_date, total_amount)
VALUES
(1, 101, 201, '2024-01-01', 250.00),
(2, 102, 202, '2024-01-02', 300.00),
(3, 103, 203, '2024-01-03', 150.00),
(4, 104, 201, '2024-01-04', 400.00),
(5, 105, 204, '2024-01-05', 500.00);
```

A partir de esta tabla, puedes crear consultas como:

- ¿Cuáles fueron los clientes que gastaron más de $300?

- ¿Cuál es el total de ventas por producto?

2. **Explora Consultas Complejas**
   Desafíate con consultas que combinen múltiples funciones y uniones. El uso de funciones de ventana, CTEs (Common Table Expressions) y subconsultas mejora tus habilidades.

sql

```
WITH sales_cte AS (
    SELECT
        sale_date,
        SUM(total_amount) OVER (ORDER BY sale_date) AS
cumulative_sales
    FROM sales
)
SELECT * FROM sales_cte;
```

3. **Optimización de Consultas**
   La eficiencia es crítica en entornos corporativos. Comprende cómo índices, particionamiento y estructuras de tabla afectan el rendimiento.

sql

```
CREATE INDEX idx_sale_date ON sales (sale_date);
```

Probar el impacto en el rendimiento con y sin índice ayuda a entender su importancia.

Recursos Recomendados y Comunidades de Aprendizaje

1. **Utiliza Bases de Datos Gratuitas para Práctica**
   Herramientas y entornos gratuitos como PostgreSQL, MySQL o SQLite son perfectos para practicar.

bash

```
# Iniciar PostgreSQL
psql -U postgres

# Crear una base de datos para práctica
CREATE DATABASE sql_learning;
```

2. **Participa en Comunidades Técnicas**
   Involúcrate en comunidades técnicas para intercambiar experiencias, aprender nuevas prácticas y resolver problemas complejos.

Ejercicios:

- Responder preguntas en foros de SQL.

- Contribuir a soluciones en plataformas colaborativas.

- Participar en hackathons y desafíos de datos.

3. **Experimenta con Bases de Datos en la Nube**

bash

```
# Ejemplo con Google BigQuery
bq query --use_legacy_sql=false \
'SELECT product_id, SUM(total_amount) AS total_sales
FROM `project.dataset.sales`
GROUP BY product_id;'
```

Visión Práctica para el Crecimiento Profesional

1. Especialízate en Áreas de Alta Demanda

sql

```sql
SELECT product_id,
    AVG(total_amount) AS avg_sales,
    COUNT(customer_id) AS customer_count
FROM sales
GROUP BY product_id;
```

2. Combina SQL con Otras Habilidades

python

```python
import psycopg2

# Conectar a la base de datos
conn = psycopg2.connect(
    host="localhost",
    database="sql_learning",
    user="user",
    password="password"
)

# Ejecutar una consulta SQL
```

```
cursor = conn.cursor()

cursor.execute("SELECT product_id, SUM(total_amount) FROM
sales GROUP BY product_id;")

results = cursor.fetchall()


for row in results:
    print(row)
```

3. **Desarrolla Soft Skills Relacionadas**
   Ejemplos:

- Presentar insights a públicos variados.

- Colaborar en proyectos con equipos multidisciplinarios.

- Resolver problemas de rendimiento con eficacia.

4. **Planea tu Progresión Profesional**
   Define metas claras:

- Principiante: consultas básicas y estructura de bases.

- Intermedio: aplicar SQL en proyectos reales.

- Avanzado: liderar iniciativas y soluciones a gran escala.

Estrategias para Superar Desafíos Comunes

1. Resolver Problemas de Rendimiento

sql

```
EXPLAIN SELECT * FROM sales WHERE sale_date = '2024-01-01';
```

2. Garantizar la Calidad de los Datos

sql

```
SELECT * FROM sales WHERE total_amount < 0 OR total_amount IS NULL;
```

Dominar SQL es un camino continuo que requiere práctica, compromiso y estrategias inteligentes. Con las herramientas y los enfoques correctos, puedes transformar SQL en una ventaja competitiva y construir una carrera sólida en el mundo de los datos. El aprendizaje constante y la aplicación práctica te garantizan estar preparado para los desafíos del futuro.

CONCLUSIÓN FINAL

Hemos llegado al final de un recorrido lleno de aprendizaje y práctica, en el cual exploramos los fundamentos y las aplicaciones más avanzadas de SQL. Este libro fue estructurado para ofrecer un enfoque completo, desde la introducción a los conceptos básicos hasta el uso de SQL en escenarios complejos del mundo real. Antes de cerrar, es importante reflexionar sobre los principales temas abordados y motivarte, lector, a seguir explorando este lenguaje esencial en diversos contextos.

Breve Resumen de Cada Capítulo

Capítulo 1. El Lenguaje del Manejo de Datos

SQL fue presentado como el lenguaje universal para gestionar y manipular datos en bases de datos relacionales. Aprendiste sobre su propósito, evolución histórica y relevancia en los sistemas modernos, comprendiendo cómo SQL ha moldeado el campo de la tecnología de la información.

Capítulo 2. Entornos y Herramientas para SQL

Exploramos las bases de datos más populares, como MySQL, PostgreSQL y SQL Server, y discutimos cómo configurar entornos de práctica en diversas plataformas. Este capítulo ayudó a crear una base sólida para comenzar a ejecutar consultas.

Capítulo 3. Conceptos Fundamentales de Bases de Datos

Descubriste qué son las bases de datos relacionales, tablas, esquemas y relaciones. También discutimos la normalización y la importancia de evitar anomalías de datos para garantizar un diseño eficiente y consistente.

Capítulo 4. Comandos Básicos de SQL

Los comandos esenciales – SELECT, INSERT, UPDATE y DELETE – fueron explicados en detalle, con ejercicios prácticos para consolidar el aprendizaje. Este capítulo proporcionó la base para trabajar con datos.

Capítulo 5. Filtrado y Ordenación de Datos

Aprendimos a usar WHERE para crear condiciones precisas, además de técnicas de ordenación y agrupación con ORDER BY y GROUP BY. Se introdujo el uso de operadores lógicos y aritméticos para consultas más refinadas.

Capítulo 6. Trabajo con Múltiples Tablas

El concepto de joins fue detallado, abordando INNER JOIN, LEFT JOIN y RIGHT JOIN. También practicaste técnicas para integrar datos de varias tablas de forma eficiente y clara.

Capítulo 7. Estructuración de Datos: Creación y Alteración

Introdujimos los comandos DDL (CREATE, ALTER y DROP) para crear y modificar estructuras de tablas. Se abordaron estrategias de diseño para escalabilidad y planificación de bases de datos robustas.

Capítulo 8. Funciones de Agregación y Análisis de Datos

Aprendimos a usar funciones como SUM, AVG, MAX, MIN y COUNT para realizar operaciones avanzadas de análisis de datos, explorando aplicaciones prácticas en reportes y análisis.

Capítulo 9. Transformación de Datos con Funciones Avanzadas

La manipulación de strings, fechas y funciones condicionales fue presentada como herramienta para modelar y transformar datos en consultas complejas.

Capítulo 10. Automatización con Stored Procedures y Triggers

Aprendiste a crear procedimientos almacenados y triggers para automatizar tareas en bases de datos, reduciendo errores manuales y aumentando la eficiencia.

Capítulo 11. Seguridad y Control de Acceso

El enfoque estuvo en la protección de bases de datos contra accesos no autorizados. Aprendimos a gestionar permisos e implementar buenas prácticas de seguridad.

Capítulo 12. Backup y Recuperación de Datos

Se discutieron tipos de backup, estrategias de recuperación y demostraciones prácticas con herramientas populares para garantizar la integridad de los datos en situaciones críticas.

Capítulo 13. Optimización de Consultas para Mejor Rendimiento

Exploramos técnicas para identificar cuellos de botella y optimizar el rendimiento de las consultas, haciendo un uso eficaz de índices y herramientas de monitoreo.

Capítulo 14. SQL en Entornos Multiplataforma

Aprendimos cómo se usa SQL en aplicaciones web y móviles, integrando APIs y frameworks como Django y Node.js, además de prácticas recomendadas para desarrolladores.

Capítulo 15. Datos Temporales e Históricos

Las consultas en tablas temporales y el análisis de datos históricos fueron explorados como técnicas esenciales para entender tendencias y cambios a lo largo del tiempo.

Capítulo 16. Procesamiento de Big Data con SQL

SQL fue presentado en el contexto de Big Data, con plataformas como Hive y Spark SQL, discutiendo diferencias y aplicaciones prácticas para grandes volúmenes de datos.

Capítulo 17. Gestión de Datos Geoespaciales

La manipulación de datos espaciales y geográficos fue introducida, con ejemplos de consultas para mapas, localización y análisis de proximidad.

Capítulo 18. Estudios de Caso: Resolviendo Problemas con SQL

Casos de estudio reales demostraron cómo SQL puede resolver problemas en sectores como salud, finanzas y comercio, destacando prácticas aplicables al día a día.

Capítulo 19. Construcción de Proyectos del Mundo Real
Abordamos cómo crear sistemas completos de gestión de datos, como una aplicación de tienda online y un sistema de inventario, con prácticas detalladas.

Capítulo 20. Preparación para Entrevistas y Certificaciones
Exploraste preguntas comunes de entrevistas, la estructura de certificaciones SQL reconocidas y simulacros para ayudar en el desarrollo de tu carrera.

Capítulo 21. Resolución de Problemas Avanzados
Se discutieron errores complejos y diagnósticos, herramientas para depuración y ejemplos prácticos que ayudaron a desarrollar habilidades avanzadas.

Capítulo 22. Automatización de Procesos con SQL
La integración de SQL con pipelines de datos automatizados y herramientas como Airflow y DBT fue el enfoque, permitiendo automatizar tareas repetitivas y aumentar la eficiencia.

Capítulo 23. Innovación y Futuro de SQL
Exploramos nuevas funcionalidades de SQL y el impacto de la inteligencia artificial y el machine learning en la gestión de datos, destacando tendencias globales.

Capítulo 24. Reflexiones y Tendencias Globales
Se analizó el impacto de SQL en la tecnología y los negocios, con énfasis en su evolución continua y su papel crucial en un mundo cada vez más conectado.

Capítulo 25. Consejos y Estrategias para Dominar SQL
Presentamos estrategias para mejorar continuamente, comunidades de aprendizaje y cómo SQL puede ser utilizado para impulsar tu carrera.

Motivación para Seguir Explorando SQL

SQL es más que un lenguaje; es una habilidad universal que conecta tecnología, negocios e innovación. Su aplicación va mucho más allá de la gestión de datos: es la clave para entender y transformar el mundo que te rodea. Con SQL puedes construir soluciones eficientes, descubrir insights valiosos y abrir nuevas oportunidades para tu carrera.

Ahora que dominas los fundamentos y has explorado prácticas avanzadas, el próximo paso es aplicar estos conocimientos en proyectos reales y seguir aprendiendo. SQL evoluciona constantemente, y sus posibilidades son prácticamente infinitas. Explora, experimenta y crea: las herramientas están en tus manos.

Quiero expresar mi sincera gratitud por tu dedicación a lo largo de este recorrido. Escribir este libro fue una misión inspiradora, pero es tu lectura y esfuerzo lo que le da verdadero significado a este trabajo. Espero que cada página haya sido una fuente de aprendizaje, motivación e inspiración para tu trayectoria.

Te deseo que sigas explorando SQL con curiosidad y determinación, construyendo un futuro brillante y transformador. ¡Muchísimas gracias por permitir que este libro forme parte de tu historia!

Atentamente,
Diego Rodrigues y Equipo

www.ingramcontent.com/pod-product-compliance
Lightning Source LLC
LaVergne TN
LVHW022308060326
832902LV00020B/3346